# AI와 기자

## AI문고

인공지능 시대입니다. 기계가 인간의 인지를 대신하고, 사물이 인간을 통하지 않고 다른 사물과 직접 커뮤니케이션합니다. 이에 따른 인간 삶과 문명 변화를 정확히 이해·예측·대응하는 것은 이 시대 우리 모두의 과제입니다. AI문고는 인공지능 기술과 환경의 여러 주제를 10가지 키워드로 정리합니다. 관련 개념과 이론, 학계와 산업계의 쟁점, 우리 일상의 변화를 다룹니다. 인간과 기술의 현재, 미래를 세심히 분석합니다.

## 일러두기

- 인명, 작품명, 저서명, 개념어 등은 한글과 함께 괄호 안에 해당 국가의 원어를 병기했습니다.
- 외래어 표기는 현행 어문규정의 외래어표기법을 따랐습니다.

처음이세요?

전문가세요?

# AI와 기자

김재희 · 이현택

ㅋ

대한민국, 서울, 커뮤니케이션북스, 2025

# AI와 기자

지은이 김재희 · 이현택
펴낸이 박영률

초판 1쇄 펴낸날 2025년 4월 14일

커뮤니케이션북스(주)
출판 등록 2007년 8월 17일 제313-2007-000166호
02880 서울시 성북구 성북로 5-11
전화(02) 7474 001, 팩스(02) 736 5047
commbooks@commbooks.com
www.commbooks.com



ISBN 979-11-7307-957-3 03500

책값은 뒤표지에 표시되어 있습니다.

# 차례

# AI, 뉴스룸의 파괴자인가 조력자인가

"나는 지역 뉴스에서 제작을 담당하고 있다. 최근 인공지능(AI) 시스템이 개발돼 오디오, 그래픽 작업 등 방송 제작 업무의 100%를 대체할 수 있게 됐다. 이 때문에 관련 직무가 다 사라졌다. 지난 10년간 우리는 지역 뉴스를 위해 일했고, 은퇴할 때까지 이 기술로 먹고살 수 있을 것으로 생각했다. 자리를 보존하게 된 사람은 매니저뿐인데, 그는 시스템이 잘 돌아가는지 감독하고 시스템 설비를 담당한다. 나머지 20개 직책은 사라졌다.

(우리 회사를 보유한 미디어 그룹은) TV 네트워크 계열사 중에서 우리 방송국이 이 시스템을 도입하는 첫 회사라고 통보했다. 이는 (네트워크 산하 계열 방송국) 전체 제작 인력이 해고될 수 있다는 뜻이다. (AI 기반) 뉴스 방송 시스템이 원활하게 운영된다면 실제로는 수천 명이 해고될 수 있다. AI를 사용해 창출되는 신규 일자리는 0개다.

나와 함께 일하는 사람 중에는 50대, 대학 미졸업자, 독신, 다른 곳에서 직업을 구할 수 없는 사람 등 (취약 계층이) 있다. 그들에게 어떤 일이 일어날지 모르겠다. 이것이 AI가 가져올 우리의 미래다. 이것은 새 일자리를 창출하지 않고 없앨 뿐이다"(aloafaloft, 2024).

지난 2024년 11월 미국 온라인 커뮤니티 '레딧'의 챗지피티(ChatGPT) 관련 게시판에 올라온 한 30대 방송 제작 현직자의 글이다. 이 글을 두고 진위 논란이 일자 해당 글 작성자는 자신의 링크드인(Linkedin) 프로필을 한때 공개하기도 했다. 이 책을 집필하던 중 확인한 프로필 속 작성자의 소속 회사는 미국 서부에 있는 오래된 지역 방송국이었다.

비슷한 시기 애리조나주립대학 월터 크롱카이트 저널리즘 앤드 매스 커뮤니케이션 스쿨(이하 크롱카이트 스쿨)의 한 뉴스룸에서는 미국 대형 방송사와 협업하는 탐사 보도 프로젝트를 진행 중이었다. 필자도 참여할 기회가 있었다. 샌프란시스코의 한 정부 기관은 취재팀의 정보 공개 청구에 이와 같은 회신을 보내왔다.

"샌프란시스코 ○○기관은 2024년 9월 26일에 귀하의 2024년 9월 10일 자로 된 정보공개법(Public Records Act) 요청을 접수하였습니다.

귀하께서 요청하신 내용은 다음과 같습니다.

'○○○ 직무 규정 위반에 대한 정보 공개 청구'

(중략)

○○○○는 캘리포니아 형법(Cal. Penal Code) § 832.7(a)에 따라 요청하신 정보를 공개할 수 없음을 알려 드립니다. 이는 직원의 성과 평가에 대한 기록이 사적 사항으로 공개 대상이 아님을 명시하고 있습니다. 성과 평가가 긍정적인 경우에도 일반적으로 대중에 공개되지 않습니다.

질문이 있으신 경우, 담당관 ○○○에게 연락하십시오.

감사합니다.

미디어 관계부 드림"

한국의 뉴스룸 같았다면 의원실부터 찾아갔을 법한 일이지만 미국의 취재 환경에서는 기자도, 공무원도, 비영리 기관도, 기업도 서로 공식적인 커뮤니케이션 툴이 필요한 시대다. 당장 녹취를 따려고 해도 일방적 동의가 필요한 주(전화 통화 참가자 중 한쪽만 동의해도 녹음 가능)와 쌍방 동의가 필요한 주(전화 통화 참가자 양측 모두의 동의가 있어야 녹음 가능)가 달라 애를 먹는다. 게다가 요즘 상당수 미국 기관은 공식적인 취재 응대를 이메일로만 한다.

필자는 인공지능 플랫폼인 챗지피티에 지시를 내렸다.

"챗지피티, 이걸 읽고 불복 서한을 하나 작성해 줘. 나는 직원 성과 평가가 궁금한 것이 아니라 규정 위반 사례 공개를 원해. 왜 이런 핑계로 내 정보 공개 청구를 거절하냐고."

"여기 샌프란시스코 ○○기관에 제출할 불복 서류 초안을 만들었습니다. 이 초안은 당신이 성과 평가가 아닌 규정 위반 기록을 요청한다는 점을 명확히 설명하고 있습니다."

챗지피티는 그러고는 근엄한 말투의 답안을 내놓는다.

"샌프란시스코 ○○○ 미디어관계부 귀중,

안녕하세요. 2024년 9월 10일에 제출한 공공 기록 요청(참조 번호 P○○○○○○-○○○○○○)에 대한 답변으로, 제 요청이 캘리포니아 형법 제832.7(a) 조항에 따라 '직원의 성과 평가 기록과 관련이 있다'는 이유로 거부되었다는 답변을 받았습니다.

그러나 저는 ○○○ 개개인의 성과 평가를 요청하지 않았음을 분명히 밝히고자 합니다. 제가 요청한 내용은 ○○○에 대해 제기된 근무 중 및 근무 외 정책 위반 기록, 위반의 성격, 관련된 직원, 그리고 조사의 결과에 대한 세부 정보를 포함한 기록입니다. 이러한 기록은 성과 평가와는 명확히 구분되며, 캘리포니아 공공 기록법에 따라 요청한 것입니다.
제 요청은 ○○○ 성과 평가가 아닌, 규정 위반 사실에 관한 기록임을 고려하시어, 이의 제기를 검토하시고 요청한 기록을 제공해 주시길 정중히 요청합니다. 만약 요청 내용 중 일부가 정당한 공개 예외 대상에 해당한다면, ○○○○가 예외의 구체적인 법적 근거를 제공하고, 공개 예외 대상이 아닌 부분은 공개해 주시기를 바랍니다.
이 요청을 처리하는 데 추가적인 설명이나 정보가 필요하시다면, 언제든지 저에게 연락해 주시기를 바랍니다.
이 사안에 시간과 노력을 할애해 주셔서 감사합니다. 귀하의 답변을 기다리겠습니다.
감사합니다."

아쉽게도 샌프란시스코의 해당 기관은 취재팀의 요청을 끝까지 거절했다. 남은 것은 행정 소송밖에 없었지만 데드라인이 정해진 프로젝트에서 실익이 없다는 판단에 따라 에디터는 소송 카드를 접었다. 하지만 분명한 것은 정부 기관, 비정부 기구(NGO), 각종 기업과 주고받을 수 있는 취재 요청이라는 업무 프로세스가 AI를 통해 대체될 수 있다는 가능성이었다. 인간 기자가 해야 할 일은 어떻게, 무엇을 취재할 것인지, 그리고 어떤 지시를 AI에

내릴지였다.

AI는 전화 취재를 하면 예상 질의응답을 생성해 주고, 통화 녹음 내용은 녹취록 형태로 풀어 주며, 이를 바탕으로 기사 초고와 발제문도 만들어 준다. AI 영상 편집 기술도 어느 정도 발달한 것을 감안하면 앞으로 수년 내 방송 기사 텍스트를 입력하면 자사 방송기자 목소리를 학습한 AI가 서버에 저장된 취재 영상을 추출·편집해 더빙까지 진행, 1분 30초짜리 리포트를 '말아' 주는 것이 가능하게 될 것이다.

## 국내에서도 활발한 AI 도입

국내에서 저널리스트 직무에 대한 AI 도입과 대체는 그리 희귀한 사례가 아니다. 국내 주요 지역 민영 방송에서는 AI 주말 앵커 도입이 활발하다. 김고은(2024)과 윤유경(2024)에 따르면, CJB 청주방송은 2024년 3월 24일 국내 지역 방송 최초로 AI 앵커가 진행하는 뉴스를 도입했다. 뉴스 원고를 입력하면 AI가 화면을 만들어 내며, 앵커의 영상에는 딥페이크를 적용했다.

김고은과 윤유경은 CJB의 AI 앵커 도입의 가장 큰 배경으로 비용 절감을 꼽았다. CJB는 그동안 법적 기준보다 적은 휴일 근로 수당을 지급해 왔다. 하지만 이것이

2020년 고용노동부 특별근로감독에서 적발됐다. 이에 법적 기준에 따라 통상 임금의 150~200%에 해당하는 휴일 근로 수당을 지급하려니, 25~30년 차 기자 두 명의 이틀 치 주말 근무 수당만 해도 100만 원에 달했다. 회사 측은 2021년 4월부터 주말 뉴스를 폐지했지만, 이후 방송통신위원회 재허가 과정에서 문제점으로 지적됐다. 이 우여곡절 끝에 나온 결과물이 AI 앵커다.

AI 앵커 도입에서 장단점은 명확하다. 우선 휴일 근무자를 대폭 줄일 수 있다. 앵커를 비롯해 촬영 제작진, 방송 기술 담당자, 프로듀서 등의 근무 수당을 줄일 수 있다. 상당수 신문 · 통신 · 인터넷 신문에서 하듯이 금요일에 주말용 영상을 미리 제작해 놓고, 단신 기사만 입력하면 AI 앵커가 뉴스를 진행할 수 있다.

하지만 속보가 발생했을 때는 대응이 쉽지 않다. 재난 상황에서 특보를 하려고 해도 AI 앵커가 긴급 자막 송출 이상으로 대응하기는 어렵다. 이에 대해 홍서표 G1 보도국장은 ≪기자협회보≫ 인터뷰에서 "불필요한 오해가 생기지 않도록 노조 등과 협의를 하면서 진행하고 있다"고 설명했다.

AI 앵커 도입이 주5일 근무제 등 일과 가정의 양립(워라밸)이 중요한 사회 분위기에 적합하다는 시각도 있다.

언론계가 무조건 주말 없이 새벽까지 일해야 한다는 분위기는 옛말이 된 지 오래다. 필요한 취재를 위해서라면 새벽까지 일할 수 있지만, 휴무인 후배에게 불필요한 취재 지시를 하는 등의 행동은 '비매너'로 자리 잡았다.

또한 아직 국내 지역 민영 방송에서는 기존 직원의 고용 불안 등은 '표면화된 단계는 아니다'라고 김고은(2024)은 분석했다. 김건형 한국기자협회 KNN 지회장은 ≪기자협회보≫ 인터뷰에서 "기존 인력의 재배치나 퇴사는 없겠지만, 중장기적으로 그런 직군의 신규 인력 채용을 중단하거나 줄일 거란 전망도 가능하지 않나 한다"라면서 "그런 논의가 진행된다면 기자협회도 적극 참여하겠다"라고 밝힌 바 있다.

신문사에서 AI 도입은 이미 현실이 됐다. 기술적으로 텍스트 기사와 삽화(일러스트)에서는 AI 이용이 확산되고 있다. 2024년 ≪조선일보≫는 보도 자료를 입력하면 AI가 스트레이트 기사로 만들어 주는 AI 시스템을 완성했다. 취재 내용을 내부에 보고하는 발제문 형식으로 입력하면 정제된 스트레이트나 피처 기사로 나온다. 회사는 전략상의 이유로 AI 교열 시스템을 먼저 운용하고 있지만 추후 AI가 데이터를 분석하고 더 나아가 팩트 체크까지 할 수 있을 거라는 전망이 나온다.

최승영(2025)에 따르면, ≪헤럴드경제≫는 오픈AI의 동영상 생성 AI 모델 '소라(SORA)'를 언급하며 콘텐츠 제작이나 유통에 적용하는 방법을 연구 중이다. 매경미디어 그룹 역시 기존의 영어 · 중국어 · 일본어 3개 국어 자동 번역 기술에 이어 독자 맞춤형 추천 AI 시스템을 준비 중인 것으로 알려졌다.

## 포털 의존 환경에서 규범 · 윤리적 논의 필요

한국적 환경에서 미국 중심의 AI 뉴스 트렌드를 모두 도입할 수 없는 것도 엄연한 사실이다. 우선 포털 의존적인 환경을 들 수 있다. 네이버로 대변되는 한국의 디지털 환경에서는 당장 AI가 작성한 기사는 '인간 기자가 상당히 관여하지 않는 이상' 포털에 송고할 수 없다.

금준경(2024)에 따르면, 2024년 2월 네이버는 AI 생성 등 자동 생성 기사는 일반 기사 섹션이 아닌 자동 생성 기사 섹션으로 전송해야 한다고 공지했다. 이렇게 하면 이용자가 상세 검색 화면에서 자동 생성 기사를 포함해 검색해야만 볼 수 있다. 일반 뉴스 검색 환경에서 AI 기사는 검색되지 않도록 제휴 언론사들이 알아서 잘 송고하라는 이야기다. 하지만 네이버는 또 "편집자의 데스킹 등 사람의 관여도가 상당한 경우 하루 10건까지 자동 생성 외 섹션으로 전송할 수 있다"라고 밝혔다.

이 규정에는 배경이 있다. AI의 이전 단계라 할 수 있는 뉴스 봇(bot)이나 AI 기반의 시황, 날씨 기사는 2020년을 전후해 업계의 관심을 끌었다. 특정 기업 종목의 주가가 내려가거나 올라갈 때마다 증권 기사를 자동으로 생성할 수 있고, 예보가 업데이트될 때마다 날씨 기사를 자동으로 생성해 출고할 수 있다. 하지만 이 경우 특정 키워드에 대한 뉴스가 검색되지 않는다는 문제점이 있었다. 2025년 2월 1일 네이버 뉴스에서 '삼성전자'를 검색한 뒤 상세 검색 버튼을 누르고 '자동 생성 기사' 유형을 클릭하면 이 같은 시황 기사가 검색 화면 첫 페이지를 가득 채우는 것을 확인할 수 있었다.

이에 네이버와 카카오의 뉴스 규정을 심의한 뉴스제휴평가위원회가 로봇 생성 기사에 대해 '자동 생성 기사' 카테고리로 송고를 강제하고, 위반 시 다섯 건당 벌점 1점을 부과하기로 했다. 이후 연합뉴스의 AI 날씨 뉴스가 논란이 됐고, 그 이후 논의를 거쳐 나온 결론이 '사람이 데스킹을 보면 하루 10건까지 허용해 준다'는 결정이다.

하지만 규정을 만들었던 2020년과 달리 2025년 현재 그리고 앞으로는 어떤 기사가 AI가 쓴 것이고 어떤 기사가 인간이 썼는지를 적어도 단순 스트레이트 기사에서는 쉽게 확인할 수 없는 시대가 됐다. 시대의 변화상에 맞는 새 포털 규범과 언론계의 AI 윤리 강령이 필요한 대목이다. 그런 점에서 ≪한국일보≫가 2024년 4월 국내 언론 최초로 제정한 '생성형 AI 활용 준칙'은 선도적인 움직임이 아닐 수 없다.

**≪한국일보≫ 생성형 AI 활용 준칙**(2024)

생성형 인공지능(AI)은 뉴스의 생산과 유통, 저널리즘 이론과 실천에 변화를 가져올 전환점이다. 이 혁신적 도구는 워드, 디지털카메라, 컴퓨터 조판이 그러했듯 언론 업무를 개선하고 효율화할 것이나 정확성, 다양성, 독립성과 같은 저널리즘 가치는 그와 무관하게 지켜져야 한다. ≪한국일보≫는 더 나은 정보 수집과 가공, 소통, 생산성 향상을 위해 생성형 AI를 실험하고 활용할 것이다. 동시에 AI 기술의 한계로 인해 신뢰 손상, 편파 보도, 개인 정보와 저작권 침해 문제가 발생할 수 있음을 인식하고 대응한다. 뉴스의 품질과 독창성, 관점 등에 대한 책임은 언제나 ≪한국일보≫에 있다. 인간 기자를 대체하는 것이 아니라 확장하는 도구로서 생성형 AI를 사용할 것을 명확히 한다. 본 준칙은 생성형 AI를 책임 있게 사용하는 기준을 제시함으로써 ≪한국일보≫가 저널리즘 원칙을 존중하면서 디지털 혁신을 이루는 것을 목적으로 한다.

제1조 책무성

① 생성형 인공지능(AI)으로 제작, 보도한 뉴스(텍스트 기사, 이미지, 영상 등 모든 형태의 뉴스)는 ≪한국일보≫ 편집 강령에 부합해야 한다. ≪한국일보≫는 뉴스 제작과 뉴스 이용자 서비스에 생성형 AI를 활용할 때 관련 법규를 준수하고 뉴스 이용자의 문제 제기에 설명하고 대응할 책임을 진다.

제2조 인간의 감독

① 감독 원칙: 생성형 AI는 기술적 한계와 데이터 편향으로 정확성, 공정성 등을 보장할 수 없으므로 뉴스 제작 구성원의 사실 확인, 검토, 수정 등 관여 없이 AI를 활용한 뉴스를 보도해서는 안 된다.

② 사실 확인 책임: AI 생성물(문장, 그래픽, 영상 등)은 검증되지 않은 정보로 간주해야 하며 기자, PD 등 뉴스 제작자가 사실 확인의 책임을 진다. 입수 자료를 보도할 때도 생성형 AI로 조작된 정보가 아닌지 확인하기 위해 출처 확인, 주요 언론 보도와 비교 등을 거친다.

③ 저작권 보호: AI 생성물은 저작권 침해 소지가 있으므로 역 검색, 표절 검사 프로그램 등을 통해 저작권 침해 여부를

확인하도록 노력한다. 저작권 침해가 확인된 경우 즉시 삭제, 정정 보도 등 조치를 취한다.

제3조 허용 범위와 제한

① 허용 범위: 생성형 AI는 △아이디어 추출, 정보 검색 등 기획과 자료 조사 △문장이나 이미지 생성, 제목 추출, 요약, 번역 등 뉴스 제작 △기사 분류, 연관 기사 검색, 오탈자 체크 등 뉴스 제작의 보조적 기능 △뉴스 이용자 개인화 서비스 등의 언론 업무에 활용할 수 있다. 활용 사실은 제4조 투명성 원칙에 따라 공개한다.

② 글쓰기 제한: AI가 생성한 문장을 검토나 수정 없이 보도하지 않는다. 기사는 기자의 독창적 기획 · 취재 · 글쓰기의 종합적 산물임을 인식하고 창의적 글쓰기를 생성형 AI로 대체하지 않도록 유의한다.

③ 현실 오인 방지: 현장 보도를 위한 사진 · 오디오 · 영상에 생성형 AI를 이용해 어떤 요소를 추가 · 삭제해서는 안 된다. 인포그래픽 목적 등 필요한 경우 생성형 AI로 현장을 재구성할 수 있으나 그것이 현실을 기록한 것으로 오인하게 보도해서는 안 된다. 실물과 실존 인물 촬영은 언론의 핵심적인 사실 보도 영역임을 인식하고 AI 생성물로 실사를 대체하지 않도록 유의한다.

④ 준법 · 윤리적 실험: 뉴스 제작 목적이 아닌 다양한 실험을 위해 생성형 AI를 사용할 경우에도 법적 · 윤리적 기준을 위배하지 않아야 한다.

제4조 투명성

① 공개 원칙: 생성형 AI를 △문장이나 이미지 생성, 제목 추출, 요약, 번역 등 뉴스 제작 △뉴스 이용자 개인화 서비스에 활용한 경우 이 사실을 투명하게 밝혀야 한다. 뉴스 생산을 위해 AI에 입력한 데이터도 취재원 · 출처 공개와 같은 수준으로 공개한다.

② 공개의 예외: 생성형 AI를 △아이디어 추출, 정보 검색 등 기획과 자료 조사 △기사 분류, 연관 기사 검색, 오탈자 체크 등 뉴스 제작의 보조적 기능에 이용한 사실은 밝히지 않을 수 있다. 생성형 AI를 뉴스 제작에 활용했더라도 최종 뉴스 내용에 반영된 정도가 미미한 경우 즉 기자 바이라인을 넣지 않을 정도의 작업인 경우에는 활용 사실을 밝히지 않을 수 있다.

③ 공개 방식: 기사에 AI의 기여 명시, 이미지와 영상에 워터마크와 자막 표시, ≪한국일보≫ 웹사이트 등 뉴스 유통 채널에 정보 제공 등 다양한 방식으로 AI 활용 사실을 공개해 투명성을 실현한다.

④ 공개 절차: AI가 생성한 내용을 뉴스에 포함한 경우 데스크(부서장)에 보고하고 공개 대상에 해당하는지 최종 판단은 데스크(부서장)가 한다. 판단이 어려운 경우 뉴스스탠다드실에 자문한다.

제5조 다양성과 포용성

① AI 생성물이 편향과 차별, 혐오를 포함할 수 있다는 것에 유념한다. 생성형 AI를 활용한 뉴스에 다양한 이해관계자의 시각이 반영됐는지, 소수 집단의 목소리가 배제되지 않았는지, 차별적 표현과 관점이 포함되지 않았는지 확인하고, 균형 보도, 다양성 · 포용성 원칙에 맞도록 수정해야 한다.

제6조 개인 정보 보호와 기밀 유지

① 개인 정보와 기밀 보호: 민감한 개인 정보, 공개해서는 안 되는 기밀정보를 생성형 AI에 입력하지 않도록 주의한다.

② 뉴스 이용자 권리 보호: 생성형 AI를 이용한 뉴스 이용자 개인화 서비스를 제공할 경우 뉴스 이용자의 개인 정보 보호를 최우선시하고 서비스 이용 선택권을 제공할 수 있다.

제7조 신뢰성 제고 책임

① 보안 대책: 생성형 AI 개발사 등 협력 업체에 개인 정보나

기밀이 유출되지 않게 하기 위한 보안 대책을 적용해야 한다.

② 오류와 편향 수정: 뉴스 이용자 서비스 등에 적용된 생성형 AI의 알고리즘이나 데이터에 오류나 편향이 발견될 경우 정정할 수 있는 절차를 마련한다. 이 절차에는 기술 검사, 전문가 검토, 사용자 피드백 수집이 포함돼야 한다.

③ 교육과 훈련: 발전하는 생성형 AI 기술을 효과적으로 활용할 수 있도록, 또한 기술의 한계와 위험을 파악하고 대응할 수 있도록 교육과 훈련을 실행한다.

제8조 기술 적응과 준칙 개정

① 기술 적응 및 정책 최신화: 생성형 AI 기술의 발전에 따라 업무 환경이 전면적으로 변화하거나 법적 · 윤리적 문제가 복잡해질 수 있으며, 강화된 준칙 실행이 필요할 수 있음을 인식한다. 이에 따라 관련 정책 수립, 실행 시스템 고도화, 교육과 훈련 강화에 지속적으로 힘쓴다.

② 준칙 개정: 본 준칙은 ≪한국일보≫ 편집 강령에 준하며 개정 시 편집 강령 규정을 따른다.

## 책임은 AI가 질 수 없다

AI는 기자를 대체할 수 있을 것인가? 그 해답은 이미 이

페이지를 읽고 있는 당신도 알고 있다. 독보적인 기사를 쓸 수 없는 기자는 AI로 대체될 수 있다. 오히려 '어떻게' AI를 잘 활용해 기자의 업무를 더 정교하고 품격 있게, 독보적으로 만들 수 있을지가 바람직한 질문이 될 것이다. 챗지피티(o1 모델)는 이렇게 답했다.

"AI는 빠른 속보성 기사 작성이나 대규모 데이터 분석 같은 분야에서 인간 기자를 도와 업무 효율성을 높일 수 있습니다. 그러나 언론의 본질적 기능인 진실 추구, 권력 감시, 사회적 책임 수행을 위해서는 여전히 기자의 역할이 중요합니다. 실제로도 많은 언론사들이 AI를 기자 대체 수단이라기보다 보조 툴이나 콘텐츠 생산 효율화를 위한 파트너로 활용하고 있습니다. 결국 AI는 기자의 일부 업무를 자동화하고 효율성을 높여 주지만, 기자 직업 자체를 완전히 대체하는 데에는 한계가 분명합니다. 앞으로도 언론인은 AI를 적절히 활용하여 빠르고 정확한 정보 제공과 깊이 있는 취재를 모두 만족시키는 방식으로 진화해 갈 것입니다"(OpenAI, 2025).

앞의 대화에서 챗지피티는 단언한다. "잘못된 기사를 작성했을 때 AI는 이에 대한 책임을 질 수 없습니다." 문명의 이기를 활용하는 미래 기자의 냉정한 현실이 아닐 수 없다.

## 참고문헌

금준경(2024.2.8). 생성AI 기사 제한하는 네이버, 사람 관여 '상당'하면 허용?. ≪미디어오늘≫.

김고은(2024.6.11). 지역민방 파고든 'AI 앵커'… 혁신일까 현실일까. ≪기자협회보≫.

윤유경(2024.5.25). [AI 미디어 파도] 위기의 지역 방송, '비용절감' AI 앵커의 그늘. ≪미디어오늘≫.

최승영(2025.1.7). AI로 1인 제작 실험, CMS 구축… 언론사들 새해부터 역할 천명. ≪기자협회보≫.

한국일보(2024.4.4). 한국일보가 '생성형 AI 활용 준칙'을 제정했습니다. https://www.hankookilbo.com/Notice/Read/150

aloafaloft(2024.11.19). Well, this is it boys. I was just informed from my boss and HR that my entire profession is being automated away. Reddit. https://www.reddit.com/r/ChatGPT/comments/1guhsm4/well_this_is_it_boys_i_was_just_informed_from_my/

OpenAI(2025.2.1). ChatGPT (February 1 version) *[Large language model].*

## 01
## ≪뉴욕타임스≫의 AI 마스터 플랜

≪뉴욕타임스≫는 2024년 5월 회사의 인공지능 전략을 진두지휘하는 조직 'AI 이니셔티브'를 신설했다. 회사가 밝힌 조직의 역할은 '생성형 AI와 머신 러닝을 활용해 기자와 독자에게 이점을 제공하고, 동시에 ≪뉴욕타임스≫가 이러한 기술을 효과적이고 책임감 있게 사용할 수 있도록 하는 것.'이다. 기자를 포함한 5900여 명의 직원이 소속된 ≪뉴욕타임스≫의 AI 전략은 AI 이니셔티브 팀원 다섯 명의 머리에서 나온다. 언론사의 AI 허브를 찾아갔다.

AI와 1인 창업?

맨해튼 한복판에 위치한 ≪뉴욕타임스≫의 로비에 발을 딛는 순간 173년의 역사가 말을 걸어온다. 건물 15층에 위치한 역사박물관에는 1851년 ≪뉴욕타임스≫ 창립에 기여한 헨리 J. 레이먼드의 책상, 1896년 ≪뉴욕타임스≫를 인수한 아돌프 옥스의 시계, 1965년 마틴 루서 킹 주니어의 방명록 서명 등 ≪뉴욕타임스≫의 역사를 고스란히 간직한 유물들이 연대기순으로 보관돼 있다. 그중 가장 눈에 띄는 것은 옥스가 호텔 방에서 작성한 메모다. 거기엔 이렇게 적혀 있다. '당파, 종파, 이익에 상관없이 두려움과 편애 없이 공정하게 뉴스를 전달한다.' 공정한 보도라는 과거의 유산을 발판으로 ≪뉴욕타임스≫는 미래의 청사진을 그려 나가고 있다. 2024년 5월 출범한 신생 조직인 AI 이니셔티브도 예외는 아니다. ≪뉴욕타임스≫는 173년간 지켜 온 가치 위에 AI 활용 방향을 계획하고 있다.

방향키를 잡는 시작은 2024년 5월 AI 활용 전략 수립부터 도구 개발까지 AI와 관련한 모든 업무를 총괄하는 컨트롤타워 'AI 이니셔티브'의 출범이었다. 2023년 12월 잭 수어드(Zach Seward)가 이 조직의 팀장(Editorial Director)으로 온 뒤 6개월에 걸쳐 네 명의 조직원을 뽑았다. 이들은 부팀장(Associate Editorial Director) 루비나 필리언(Rubina Fillion), 시니어 머신 러닝 엔지니어 딜런 프리드먼(Dylan Freedman)과 듀이 응우옌(Duy Nguyen), 그리고 시니어 디자인 에디터 훌리아나 카스트로 바론(Juliana Castro Varon)이다. 총 다섯 명이 전체 조직원 5900여 명에 달하는 ≪뉴욕타임스≫의 AI 활용 방향을 정하고 있는 셈이다.

그만큼 한 명 한 명의 역량이 중요하다. 우선 팀을 진두지휘하는 수어드 팀장은 ≪월스트리트 저널≫의 첫 소셜 미디어팀을 만든 기자 출신으로 2012년 온라인 경제지 ≪쿼츠(Quartz)≫를 공동 창업했다. 이곳에서 제품 총괄 매니저(Chief Product Manager)를 맡았고, 이후 ≪쿼츠≫의 CEO와 국장을 거쳤다. ≪뉴욕타임스≫는 그를 팀장으로 임명하면서 '디지털 미디어에 관한 기술과 경험 두 가지를 모두 겸비한 드문 인재'라고 설명했다. 필리언 부팀장은 2019년부터 ≪뉴욕타임스≫ 오피니언 부문 전략 디렉터로 일하면서 AI 이니셔티브팀 신설 전부터 회사의 생성형 AI 실험을 주도해 왔다. 수어드 팀장이 조직의 디지털 혁신 방향을 잡으면, 필리언 부팀장이 이를 편집국 내에 어떻게 적용할 수 있을지 구체적인 그림을 그린다. 엔지니어 프리드먼과 응우옌, 그리고 디자인 에디터 바론은 그려진 그림을 바탕으로 구체적인 프로덕트를 개발하고 실행에 옮기는 역할을 한다.

## 사람이 하기 번거로운 일을 한다

AI 이니셔티브 팀장 자리에 수어드를 임명했다는 ≪뉴욕타임스≫의 발표문은 이렇게 시작한다. '타임스의 저널리즘이 생성형 AI 기술에서 얻을 수 있는 건 무엇인가? 이 기술은 우리의 업무를 더 빠르게 만들어 줄까? 우리가 이 기술을 어디에서 사용하지 말아야 할지에 대한 경계선은 어떻게 그을 수 있을까?' 그만큼 ≪뉴욕타임스≫는 생성형 AI 활용에 보수적이고 조심스럽게 접근한다. 단순히 기자들의 업무가 빨라지고 효율성이 올라간다는 이유로 AI를 도입하지 않는다.

팀이 신설된 뒤 가장 먼저 무엇을 했느냐는 질문에 필리언 부팀장은 'AI를 활용해야 할 분야와 그러지 말아야 할 분야를 정하는 일이었다'라고 답했다. "AI 활용에서 우리가 가장 중요하게 생각하는 건 모든 AI의 작업물에 반드시 인간의 검토가 들어간다는 것이다. AI를 활용한다고 해서 타임스가 표방하는 저널리즘 가치가 바뀌지 않는다. AI는 기술이자 도구이지, 우리의 업을 근본적으로 바꾸는 무언가가 아니다. 다시 말해 AI는 기사의 가치를 높이는 도구 중 하나일 뿐, 인간을 대체할 수 있는 위협적 존재는 아니라는 것이다. '인간의 개입(Human In the Loop)'은 언제나 타임스가 생성형 AI를 활용하는 데 핵심 가치가 될 것이다."

그렇다면 타임스는 어떤 분야에 AI를 활용하고 있을까? 기본이 되는 건 기자의 업무 효율성을 높이는 분야다. 기사 번역, 녹취, 소셜 미디어용 기사 요약, 검색엔진 최적화(SEO) 헤드라인 생성 등이 대표적이다. 필리언을 비롯한 AI 이니셔티브 팀원들은 편집국 기자들을 인터뷰해 이들이 어떤 부분을 시간 낭비라 여기는지, 더 시간을 투입하길 원하는 분야는 무엇인지를 들었다. 필리언 부팀장은 이렇게 설명한다.

"우리 팀의 중요한 업무 중 하나는 기자들을 성가시게 하는 것(Pain Point)을 파악하고, 그 부분에 들어가는 시간을 더 중요하고 가치 있는 업무에 쓸 수 있도록 하는 것이다. 대선 토론회 날 SEO 헤드라인 작업을 한다고 가정해 보자. 이때 한 명의 기자가 동일한 키워드로 10개의 기사 제목을 만들어야 할 수도 있다. 토론 진행 상황에 따라 헤드라인을 계속 업데이트해야 한다. 사람에겐 상당히 귀찮은 일이지만 생성형 AI는 다양한 헤드라인의 변형을 만들어 낼 수 있다. AI는 사람이 한계에 부딪혀 아이디어를 떠올리기 힘들 때 아주 유용하다."

2025년 2월 ≪뉴욕타임스≫는 기사 수정과 요약, 소셜 미디어용 홍보 문구 작성, SEO를 거친 제목 생성 등에 회사가 자체 개발한 AI 도구 '에코(Echo)'를 활용하겠다고 밝혔다. 이처럼 ≪뉴욕타임스≫는 사람이 하기에 번거로운 일을 AI에 맡기고 있다. 기자들의 요구가 가장 많았던 분야는 뉴스레터 핵심을 간추려 보여 주는 간단한 항목(bullet) 생성이다. 필리언 부팀장은 이렇게 설명한다.

"타임스는 하루에 50개가량의 뉴스레터를 내보낸다. 모든 뉴스레터의 항목을 일일이 작성하는 건 꽤나 번거롭다. AI는 그 과정을 훨씬 빠르게 바꿨다. 아시아, 유럽 등 국가별 뉴스레터를 제공하게 된다면 수백여 개의 항목을 각 나라 언어로 만들어야 하는데, 이러한 규모의 작업도 AI를 활용하면 훨씬 수월하고 빨라진다."

시각 장애인을 위한 '대체 텍스트' 생성도 그 예다. 시각 장애인들은 화면 읽기 서비스를 사용해 기사에 들어간 이미지를 줄글로 풀어낸 설명을 듣는다. ≪뉴욕타임스≫는 컴퓨터 비전 기술을 활용해 기사에 삽입한 이미지를 기계가 설명하도록 한다.

## '건초 더미에서 바늘 찾기'

하지만 반복 업무의 대체를 통한 효율성 향상보다 ≪뉴욕타임스≫가 생성형 AI 활용에서 더 중요한 가치를 두는 부분은 따로 있다. 필리언 부팀장은 "기사를 혁신할 수 있는 분야"라고 정의했다. 그는 해당 분야의 대표 사례로 이스라엘군이 민간인 안전지대로 지정된 남부 가자 지구에 2000파운드 이상 크기의 폭탄 수백여 개를 지속적으로 투하해 왔다는 사실을 입증한 보도(The secrets Hamas knew about Israel's military)를 꼽았다. 이 보도는 2024년 퓰리처상 국제 보도 부문을 수상했다. 비주얼 탐사 보도팀(Visual Investigation)은 항공 사진에서 구덩이의 윤곽을 식별할 수 있도록 AI 알고리즘을 훈련했다. 남부 가자 지구에 이스라엘군이 2000파운드 이상의 폭탄을 투하했다는 사실을 밝혀내기 위해서는 해당 지역에 존재하는 수백 개의 구덩이를 분석해야 했는데, 이는 기자가 하기엔 너무 긴 시간이 걸리는 작업이었다.

이 프로젝트에서 주도적 역할을 한 ≪뉴욕타임스≫ 기자 이샨 자베리(Ishaan Jhaveri)는 기자와의 화상 인터뷰에서 "AI는 탐사 보도 기자가 건초 더미에서 바늘을 발견하는 데 도움을 줄 수 있다. 이야기의 핵심을 AI를 통해 발견해 낸 건 이 보도가 처음이었다. 이러한 사례를 점차 더 늘려 나가려 한다"라고 설명했다.

실제로 2024년 퓰리처상 수상작 15편 중 ≪뉴욕타임스≫ 작품을 포함한 총 두 편에서 AI가 핵심 역할을 했다. 또 다른 수상작은 인비저블 인스티튜트(Invisible Institute)와 시티 뷰로(City Bureau)가 합작한 '미싱 인 시카고(Missing In Chicago)'다. 자체 제작한 기계 학습 도구를 학습시켜 수천여 건의 경찰 비행 행위 기록을 분석하도록 했다. 주목할 만한 건 수상작 두 건 모두 AI 알고리즘의 기계 학습을 통해 인간이 할 수 없는 방대한 자료를 분석하고, 그 안에서의 패턴을 발견했다는 거다. ≪뉴욕타임스≫가 지향하는 방향성, '건초 더미에서 바늘 찾기'와도 일맥상통한다. 미국 하버드대학 저널리즘 연구 기관 니먼랩은 퓰리처상 수상작에 대한 보도에서 '생성형 AI에 대한 과장된 기대와 두려움이 전국 뉴스룸에 팽배한 가운데, 실제로 퓰리처상 수상작이 AI를 가장 많이 활용한 분야는 탐사 보도에서의 기계 학습이었다'고 분석했다.

2024년 한 해 미국에서 가장 큰 이슈였던 대선 보도에서도 ≪뉴욕타임스≫는 AI를 적극 활용했다. 필리언 부팀장은 대선 보도에서 AI를 활용한 가장 중요한 사례로 2024년 10월 28일 보도된 'Inside the Movement Behind Trump's Election Lies'를 꼽았다. 이 기사는 2020년 미 대선에서 패배한 트럼프를 다시 당선시키기 위해 그의 허위 주장을 확산하는 데 기여한 보수 성향 단체 '선거 무결성 네트워크(Election Integrity Network)'를 주목해, 이들이 3년간 화상 미팅을 통해 어떤 이야기를 나눴고, 어떠한 허위 사실을 유포했는지 분석했다. ≪뉴욕타임스≫는 선거 무결성 네트워크 및 관련 단체들이 비공개로 개최한 회의 비디오 녹화본 400시간 이상을 입수했고, AI를 활용해 핵심 발언을 식별했다. 우선 기계 학습을 통해 500만 단어에 달하는 녹취록을 생성했다. 이후 대형 언어 모델(LLM)을 활용해 ≪뉴욕타임스≫가 관심 있는 주제를 검색하거나 핵심 발언자들의 발언을 찾고 반복되는 주제를 발견했다. 필리언 부팀장은 "400시간이 넘는 비디오를 검토해, 그 안에서 예컨대 제노포비아와 같은 특정 주제에 관한 발언을 찾는 작업이었다. AI가 없었다면 불가능했을 기사였다"고 설명했다.

## AI를 더 쉽게, 더 간단하게

AI 이니셔티브에 대해 또 하나 주목할 점은 뉴스룸 기자들이 누구나 쉽게 AI를 활용할 수 있도록 돕는다는 것이다. 국내 언론사 중 기자들의 AI 활용 과정을 직접 돕는 전담 팀이 따로 꾸려져 있는 경우는 거의 없다. 기자들이 생성형 AI에 대해 막연한 거부감을 느끼고 있거나 '반드시 코딩할 줄 알아야만 활용할 수 있는 도구'라는 오해를 갖는 이유이기도 하다. 하지만 ≪뉴욕타임스≫는 기자들의 일상 업무부터 탐사 보도까지 뉴스 창작 과정 전반에서 기자들이 AI를 쉽고 간단하게 활용할 수 있는 방법을 함께 논의하고 개발해 나간다. 필리언 부팀장이 정의한 AI 이니셔티브팀의 청사진은 이렇다.

"우리 팀의 궁극적 목표는 뉴스룸 기자들이 기사에 혁신을 가져올 수 있는 방향으로 AI를 활용할 수 있는 도구와 지식을 확산하는 것이다."

필리언 부팀장을 비롯한 다섯 명의 팀원은 뉴스룸 100여 명의 기자들과 협업하며 어떤 점에서 AI가 유용했고, 그들이 바라는 개선 방향은 무엇인지 등을 인터뷰했다. 예컨대 AI에 특정 업무를 지시할 때 명령어 설계(Prompt Engineering)를 어떻게 해야 효과적으로 답변을 도출할 수 있을지를 두고 기자들이 어려움을 겪는다는 것을 확인했다. AI 이니셔티브팀은 프롬프트 엔지니어링 가이드북을 만들었고 여기에 프롬프트 예시도 넣었다. 기사 요약, SEO 헤드라인 생성 등 각 영역에 최적화된 프롬프트 예시를 제시해 기자들이 복사, 붙여 넣기만 해도 되도록 했다.

기자들과 수시로 소통하면서 그들의 아이디어를 AI로

구현할 방법을 제시하고 협력하는 것도 팀의 중요한 역할 중 하나다. 필리언 부팀장은 이렇게 설명한다. "대선 기간에 정치부에서 트럼프의 과거 연설들을 수집해 그의 인지 기능 저하 가능성에 대해 살펴보고 싶다는 아이디어가 나왔다. 정치부 기자와 우리 팀원인 엔지니어 프리드먼이 협업해 AI를 활용해서 그가 9년 동안 한 연설을 모았고 워딩을 푼 뒤 의미 검색(Semantic Search)을 진행했다. 그 결과 트럼프의 연설이 점점 더 거칠고, 길고, 욕설이 많아지고, 주제가 빠르게 바뀌는 등 집중력이 흐려지고 있다는 점을 발견했다."

≪뉴욕타임스≫의 사례는 명확한 나침반을 설정하는 전담 팀의 중요성, 해당 팀과 뉴스룸 기자들 간 소통과 유기적 협력이 중요하다는 점을 일깨운다. 아직은 생성형 AI를 향한 막연한 기대감과 불안감이 국내 뉴스룸에 팽배한 현재, 상징적 가이드라인에 그치는 것이 아니라 기자들의 실질적인 기사 생산에 AI를 활용할 수 있는 방향으로 뉴스룸을 이끌 조직의 출범이 이뤄지길 기대해 본다.

## 참고문헌

Deck, A.(2024.5.9). For the first time, two Pulitzer winners disclosed using AI. Nieman Lab.

https://www.niemanlab.org/2024/05/for-the-first-time-two-pulitzer-winners-disclosed-using-ai-in-their-reporting/

The New York Times(2024.5.9). Principles for using generative A.I. in the Times's newsroom. https://www.nytco.com/press/principles-for-using-generative-a%E2%80%A4i%E2%80%A4-in-the-timess-newsroom/

Tani, M.(2025.2.17.). New York Times goes all in on internal AI tools. Semafor.

## 02
## 애리조나주립대학교의 실험

매년 미국에서 가장 혁신적인 대학 1위로 꼽히는 애리조나주립대 월터 크롱카이트 저널리즘 앤드 매스 커뮤니케이션 스쿨은 현재 오픈AI와의 협약을 바탕으로, 챗지피티와 편집국의 접목을 실험하고 있다. 흔히 정보 공개 청구를 기반으로 진행하는 미국 탐사 보도에서 AI는 팩트 확인에서 추세 분석, 기사 발제 등 다양한 분야에서 활용되고 있다.

AI와 MBTI?

2024년 10월 (현지 시각) 미국 애리조나주 피닉스 소재 애리조나주립대 크롱카이트스쿨의 하워드탐사보도센터(Howard Center for Investigative Journalism)에서는 챗지피티 협업이 한창이었다. 심지어 챗지피티를 담당하는 조교가 2명이나 배정됐다. 퓰리처상 수상자인 앤젤라 힐 교수(전 ≪워싱턴포스트≫ 기자)와 에미상 수상자인 마크 그린블래트 교수(전 ABC 기자)의 지도 아래, 학생들은 정보 공개 청구를 통해 미국 전역의 공공 관서 100여 곳에서 받은 자료를 검증하고 있었다.

자료가 많아 사전 취재는 챗지피티가 담당한다. 탐사보도의 전통적인 방식인 정보 공개 청구를 가정해 보자. 우선 취재 주제가 시의적절한지, 시민들의 생활에 직결되는지, 사회적 공분을 일으킬 수 있는지, 가장 중요한 이 문제점으로 인해 이득을 보는 집단은 누구인지를 파악하는 것이 사전 취재 단계다. 먼저 기존 보도 기사를 찾아봐야 한다. 구글 검색은 기본 중의 기본이지만 AI와의 대화와 AI 검색을 통해 기자 본인이 찾지 못했던 뉴스 기사를 찾아볼 수 있다.

기사 자료 이외에도 학술 논문이나 법원 판결문 역시 좋은 자료가 된다. 논문을 찾아볼 때 챗지피티로는 한계가 있어 논문 검색에 특화한 AI 모델을 여럿 활용한다. 대학원생들 사이에서 인기 있는 사이스페이스(SciSpace)는 그중 하나다. 예컨대 미국 공무원의 연장 근무 수당에 대한 논문을 찾아보고 싶다면 사이스페이스에 검색을 해 볼 수 있다. “overtime payment public officer U.S”라는 키워드를 넣을 수 있다. 화면에 있는 ‘The FLSA and Overtime Pay’라는 논문이 필자의 관심을 끈다.

하지만 환각 효과가 있을 수 있다. 실제로 사이스페이스에 검색 결과로 노출된 논문을 도서관 홈페이지나 구글 스칼라 등에서 찾을 수 없는 경우도 종종 나온다. 이 때문에 정확한 논문명이나 저자명을 통해 해당 논문이 실재하는지를 살펴야 논문을 입수할 수 있다. 이에 검색된 해당 논문 제목인 ‘The FLSA and Overtime Pay’를 애리조나주립대 도서관 사이트에서 찾자 실제 논문을 다운로드 받을 수 있는 링크가 나온다. 이후 논문 PDF 원문을 입수해 읽어 보는 방식으로 논문을 확인할 수 있다.

학술 논문 특화 AI 모델들은 학술 연구 목적에서 실질적으로 유용하다. 영어 논문의 검토 과정을 간소화해 줄 수도 있다(강하늘, 2024). 하지만 논문 자료 조사는 의외로 탐사 보도에서도 중요한 포인트다. 우선 논문에서 밝혀 놓은 팩트를 인용한다면 취재 내용이 더 풍성해질 수 있다. 또한 논문의 연구자를 만나 인터뷰를 할 수 있다.

단순히 공공 기관이나 정부에서 입수한 자료 내용으로는 보도가 완결될 수 없다. 이 팩트가 어떤 의미가 있는지, 우리 사회에서 개선해야 할 내용은 무엇인지에 대한 전문가의 분석과 의견이 필요하다. 그 전문가를 찾는 일차적 방식이 논문 읽기다. 또한 해당 논문의 저자들에 대해 각 대학이나 기관 홈페이지를 통해 프로필을 찾아보거나 동료 교수를 확인하는 과정에서 추가로 전문가들을 확인하고 또 섭외할 수 있다. 실제로 필자가 속했던 하워드센터의 취재 과정에서 취재팀은 한 논문의 저자를 확인해 여러 차례 인터뷰하고 자문했다.

문헌 조사는 단순히 논문을 확인해 읽는 것에서 끝나면 안 된다. 해당 내용을 이른바 공유 스프레드시트를 통해 팀 내에서 공유할 수 있어야 한다. 문헌 조사는 대개 원문 링크(팀 구글 드라이브에 올려놓은 링크를 넣는다), 한 줄 요약, 소스, 인터뷰 가능 인물 등 취재팀의 필요에 맞게 항목별로 정리하면 된다. 그러고 나서 해당 엑셀 자체를 AI를 통해 읽어 낼 수 있다. 예컨대 챗지피티-4o 모델에게 "이 엑셀 파일을 읽고 어떤 기삿거리를 찾아낼 수 있을까?" 하고 질문을 던지면 인간 기자가 생각하지 못한 포인트를 줄 수도 있다. 또한 팀이나 교수진과의 대화 과정에서 나온 의문이나 코멘트를 바탕으로 AI

와 대화를 나눠 볼 수 있다.

## PDF 주고 "주요 인물 뽑아내" 질문한다

AI는 문헌 조사를 끝낸 뒤 본격적으로 취재에 돌입할 때 더 적극적으로 활용된다. 정보 공개 청구 단계에서 사용이 가능하다. 우선 AI 검색을 통해 미국 50개 주의 정보 공개 청구법 법조문을 인용해야 한다. 정보 공개 청구문에 "텍사스주 정보 공개 청구 법령 ○○○조에 따라 아래와 같은 자료를 청구한다"라는 식으로 적기 때문이다. AI 조사와 추가 팩트 체크를 거쳐 확인한다. 그러고는 초안을 작성해 미 전역에 있는 기관으로 정보 공개 청구를 하게 된다. 대부분의 정부 기관은 자체 정보 공개 청구 웹사이트를 개설해 놓았지만, 어떤 곳은 우편이나 이메일로만 받는 곳도 있다.

상당수의 공공 기관은 정보 공개 청구를 받으면 '너무 많은 민원', '사생활', '인력 부족' 등의 이유로 연기하거나 반려하기 일쑤다. 이럴 때는 항의나 재촉, 이의 제기 서한을 작성해야 한다. 하지만 쏟아지는 정보 공개 청구와 타 취재 업무량이 많은 상황에서 항의 서한을 일일이 작성할 시간이 부족하다. 이럴 때 AI에 거절 통지문을 입력하고 "이의 제기 서한을 작성해 달라"고 하면 멋진 답안이 나온다. 또 너무 딱딱한 재촉 이메일이 추출됐을 때는 "부드러운 톤으로 바꿔 달라"고 하면 새 이메일이 나온다. 취재 기자가 AI 초고를 최종 감수해 해당 기관으로 보낼 수 있다.

이 과정에서 주(州, state)를 잘 확인해야 한다. 유니버셜스튜디오로 유명한 캘리포니아 버뱅크(Burbank)에 있는 소방관서에 보내려는 취재 요청서를 AI가 오클라호마주 버뱅크 타운을 수신인으로 해서 만들어 낼 수도 있다.

판결문이나 정보 공개 청구를 통해 입수한 문서 수십 개를 하루이틀 사이에 분석할 때는 AI의 진가가 발휘된다. 대신 질문을 구조화해야 한다. 예컨대 1) 피고의 이름과 나이, 2) 피고의 직업, 3) 피해자의 직업, 4) 피해자의 성별, 5) 피고인의 인종, 6) 피고인의 변호인 소속 법무법인 등 원하는 질문에 번호를 매겨 한 번에 물어보면, 그 번호에 따라 답안이 추출된다. 챗지피티 유료 버전에서는 PDF 파일을 직접 첨부해 분석시킬 수 있다. 또한 판결문 여러 개를 업로드하고 공통으로 발견되는 키워드를 뽑아내라는 명령을 줄 수도 있다.

물론 이 과정에서 환각 가능성은 끊임없이 제기된다. 따라서 뽑아낸 키워드나 해당 문장이 원문에 있는지 반드시 확인해야 한다. 또한 지시할 때 "글자 그대로 말하라(say verbatim)"고 가이드라인을 미리 주는 것도 도움이 된다.

## 챗지피티를 취재 실습에 도입한 이유

애리조나주립대는 매년 US 뉴스 앤드 월드 리포트 대학 랭킹에서 혁신 부문 1위를 차지하는 학교다. 학교의 총장인 마이클 크로는 "교육과 발견, 운영의 모든 분야에서 기회를 찾는다"라고 말했다(Arizona State University, 2024). 크롱카이트 스쿨 역시 새로운 교수법을 접목하는 등 기존의 틀을 깨고 혁신적인 인재를 길러 내기 위해 다양한 노력을 한다.

학교 안에 전문 홍보 대행사인 '크롱카이트 에이전시'를 설립해 디즈니 홍보 부사장 출신인 존 니콜레티를 교수로 영입했다. 완전히 직장과 같은 인턴십을 제공하고 이를 PR 전공 학생들의 졸업 요건으로 하는 것이 그 예다. 학생들은 졸업할 때 한 학기의 PR 컨설팅 경험과 실제 기업·기관 고객을 상대로 한 프레젠테이션을 통과해야 졸업할 수 있다. 마찬가지로 탐사 보도 전공 학부 및 석사 과정생들은 탐사 보도 프로젝트를 진행하고 취재된 기사를 제출해야 졸업할 수 있다. 이들 취재 기사는 그동안 ≪USA 투데이≫ 종합 1면에 보도되는 성과를 보였다. 하워드탐사보도센터는 크롱카이트 스쿨의 탐사 보도 편집국 역할을 하고 있다. 스크립스하워드재단의 재정 지원을 통해 운영되고 있으며, 매년 10명가량의 탐사 보도 전공 졸업생이 재단의 도움으로 미국 내 비영리 뉴스룸에 취업하고 있다. 취업 후 1년간 월급 일부와 제반 경비를 재단에서 부담하는 조건이다.

챗지피티와 탐사 보도를 접목한 교수법 역시 이런 혁신 DNA의 연장선에 있다. 마크 그린블래트 교수는 "우리는 (탐사 보도에서 챗지피티 같은) 대규모 언어 모델을 사용한 적이 없으며, 이것들(AI)이 전 세계를 바꾸고 있다는 것을 알게 된다"면서 "AI는 경력 초기 탐사 보도 기자들을 더 파워풀한 존재로 만들어줄 수 있을 것"이라고 도입 취지를 밝혔다(Garcia, 2024).

학생들은 AI가 입수한 취재 데이터를 바탕으로 데이터 저널리즘을 구현할 때 코딩 작업에 도움이 된다는 장점을 제시했다. 실제로 하워드센터 취재팀 일원이었던 학생 기자 이샨 샤프는 "챗지피티가 좋은 점은 시작할 수 있는 베이스 코드를 제공한다는 것"이라며 "내가 (입수한) 데이터를 분석하고, 비주얼화하며, 여러 데이터를 통합하는 데 매우 유용했다"라고 말했다.

## 참고문헌

강하늘(2024.8.27). 챗지피티, 학술 연구에 도움돼…“새로운 조력자로 부상 중”. ≪대학저널≫.

Faller, M. B.(2024.9.23). ASU No. 1 in innovation for 10 years in US News & World Report ranking. *ASU News.* https://news.asu.edu/20240923-university-news-asu-no-1-innovation-10-years-us-news-world-report-ranking

Garcia, J.(2024.10.30). ASU reporters are paving the future for investigative journalism using AI. *ASU Enterprise Technology.* https://tech.asu.edu/features/investigative-journalism-using-ai

## 03
## 유럽 팩트 체커들이 전한 화두

국내외 언론 전문가들이 예측하는 AI 도입 분야 중에 '팩트 체크'는 빠지지 않고 꼽힌다. 정보 처리 능력에서 사람보다 기계가 더 뛰어날 수 있다는 예측으로 풀이된다. 하지만 왜, 어떻게, 무엇을 팩트 체크해야 하는지는 여전히 사람의 영역이 아닐 수 없다. 유럽 전역 팩트 체킹 리더들의 연례 콘퍼런스에서는 이미 AI 시대를 그리고 있었다.

AI와 난임 극복?

유러피언 팩트 체킹 스탠다즈 네트워크(European Fact-Checking Standards Network · EFCSN)는 유럽 전역에 있는 팩트 체크 기관의 연합체다. 기관은 "정부, 인터넷 기업, 다른 이해관계자가 책임 있게 운영하고, 투명하고, 비례적, 효과적으로 오정보(misinformation)에 맞설 수 있도록 집단적 힘을 사용한다"라고 천명했다(European Fact-Checking Standards Network, n.d.). EFCSN이 처음으로 개최한 공식 연례 콘퍼런스가 2024년 10월 벨기에 수도 브뤼셀에서 열렸다.

이 행사에는 옥스퍼드대 인터넷 연구소, 메타, AFP 통신, 유럽기자연맹(EFJ), 미 애틀랜틱카운슬(Atlantic Council) 산하 허위 정보, 연결 기술, 민주주의, 디지털 권리 연구 기관 DFR랩 등의 전문가들이 참가했다(European Fact-Checking Standards Network, 2024; Digital Forensic Research Lab, n.d). 행사는 공개 세션과 회원사 팩트 체커들 간 비공개 세션 등으로 꾸려 졌다고 한다.

이번 콘퍼런스의 화두 역시 단연 AI였다. EFCSN에서 인큐베이팅 프로젝트 매니저로 일하고 있는 엘리라 창가(Elira Canga)와 만나 유럽 팩트 체킹 세계에서 받아들이는 AI 문제에 대해 들어볼 수 있었다. 창가 매니저는

EFCSN의 회원사를 받아들일 때 해당 기관이 팩트 체크 독립성과 윤리성, 저널리즘 가치 등을 준수하는지를 확인하는 평가자(assessor)로도 활약하고 있다.

-EFCSN은 어떤 단체인가.

"EFCSN은 유럽 전역 56개 정회원사를 보유하고 있다. 정회원사들은 평가를 거쳐 가입하며, EFCSN의 윤리 강령에 따른 저널리즘 우수성, 진실성, 책임성, 투명성 등에서 높은 수준을 유지해야 한다. 루마니아의 팩츄얼, 그리스의 팩트리뷰 등 독립 기관에서부터 프랑스 AFP통신, 독일 DPA 팩트 체킹까지 대형 통신사 소속 팩트 체크기구까지 다양하다."

-당신은 EFCSN에서 무슨 일을 맡고 있나.

"신규 회원사 가입 심사 시 팩트 체킹 프로세스나 윤리성, 독립성을 심사하는 역할도 하고 있다. 예컨대 이탈리아 팩트 체킹 기관 파겔라 폴리티카(Pagella Politica)의 EFCSN 가입을 내가 심사했었다. 또 준회원급 팩트 체킹 기관을 육성해서 정회원 자격이 되도록 지원하는 '인큐베이터 프로젝트'를 담당하고 있다. 최근에는 포르투갈 팩트 체킹 기관의 인큐베이팅 프로젝트를 진행했다. 디지털 리서치, 편집국

관리, 조직 관리, 펀딩, 투명성 등이다."

파겔라 폴리티카는 이탈리아 정치인의 발언을 모니터링해 숫자와 사실의 진실성을 평가하고, 유럽 전역의 팩트 체크 기관과 협업해 허위 정보 분석 및 대응을 하며, 국제 협력을 통한 팩트 체킹 커뮤니티 증진을 목적으로 한다. 2010년부터 3000개가 넘는 정치적 성명서와 가짜뉴스를 검증했다(European Fact-Checking Standards Network, 2023).

-EFCSN 콘퍼런스는 어떤 회의인가.
"기본적으로 유럽 전역에 있는 팩트 체킹 회원 기관의 대표자 및 전문가 모임이다. 회원은 아니지만 포인터 재단이나 옥스퍼드대 로이터 저널리즘 연구소 같은 협력 기관에서도 참석한다. 유럽을 중심으로 전 세계 팩트 체킹에 대한 미래와 현안을 논의하는 자리다."

-회의에서는 어떤 논의가 오갔나.
"'AI를 어떻게 팩트 체킹할 것인가'에 대한 논의가 많았다. AI는 팩트 체킹에 유용한 도구지만 오류도 있다. 따라서 AI를 적절하게 활용하기 위한 방법, 팩트 체킹에 AI를 활용하는 기법, 어떻게 AI를 팩트 체킹에 포함시킬 것인가, 팩트 체커는 AI를 어떻게 훈련할 수 있을 것인가. AI가 만든 가치 있는 팩트 체크 데이터는 무엇인가. 신뢰할 만한 AI 팩트 체킹 서비스를 어떻게 만들 수 있을까. 목표는 같지만, 디테일이 다른 여러 화두에 대해 논의가 있었다."

-팩트 체커는 어떻게 AI를 활용할 수 있나.
"그 물음에 대해 스페인 팩트 체크 기관 뉴트럴(Newtral)에서 발표했다. 뉴트럴은 2017년 국제팩트체킹네트워크(IFCN) 공인을 받은 기관으로 메타, 틱톡, 구글 등과 협업을 하면서, 팩트 체킹의 AI화를 연구해 왔다. 뉴트럴의 발표에 따르면, 유럽연합(EU) 시민 3명 중 2명은 한 주에 한 번은 허위 정보를 소비한다고 한다. 이 허위 정보에 빠른 대응이 왜 중요하냐면 위기가 터졌을 때 빠른 대응을 하지 않으면 사회 혼란이 발생할 수 있다. 그러므로 사회의 오정보, 역정보 대응력을 위기 상황에서 키울 수 있는 능력이 필요하고, 이때 AI 팩트 체킹이 유용하다는 이야기다.
예컨대 쓰나미가 터졌다는 가짜 사진이 돌아 시민들이 우려하고 있는 상황을 가정해 보면 된다. 인간과 AI는 이를 위해 허위 정보의 확산을 모니터링하고, 진짜 팩트를 확인하며, 신뢰 가능한 방법으로 검증하고, 허위 정보의 타깃 수용자에게 다가가 이들에게 진짜 팩트를 전달할 수 있다. AI의 도움을 통해 인간 팩트 체커가 검색과 문헌 확인, 인터뷰 등 수작업을 통해 진행한 것을 자동화하고, 그 과정에서 시간과 비용을 절감할 수 있다. 이와 별도로 유럽에서는 AI를 활용해 팩트 체킹 챗봇을 활용하는 시도도 활발하다."

-팩트 체킹을 챗봇으로 어떻게 하나.

"기자들이 팩트 체킹 기관의 챗봇을 개발하면, 이용자들이 쉽게 정보를 검증할 수 있는 방식이다. 예컨대 스페인의 팩트 체킹 기관 말디타(Maldita.es)는 메타와 협업해 왓츠앱 메신저 기반 팩트 체킹 서비스를 개발했다. 전용 번호로 왓츠앱을 연결한 뒤 팩트 체킹하고 싶은 메시지나 사진 등을 보내면 AI가 검증을 해주고, 검증이 안 되는 것은 인간 팩트 체커가 대답을 해 주는 방식이다. 이 방식은 한국 등 많은 국가에서도 비교적 쉽게 적용할 수 있는 방식이 아닐까 싶다. 또한 편집국 기자들과의 협업을 통해 독자와 소통도 활발해질 수 있겠다."

## 위협받는 팩트 체크, AI는 독일까 득일까

팩트 체크가 전 세계에서 정치권의 매서운 공격을 받는 것은 주지의 사실이다. 2025년 1월 페이스북과 인스타그램, 왓츠앱을 운영하는 메타의 최고경영자(CEO) 마크 저커버그는 페이스북과 인스타그램에서 팩트 체크 기능을 종료한다고 발표했다. 도널드 트럼프 미 대통령의 취임 직전 전격 발표된 이번 조치를 두고 AP통신은 "아마도 테크 거물에 대한 트럼프의 위협 때문"이라고 분석했다(Chan, K., et al., 2025). 사실 2024년부터 트럼프의 당선 가능성이 대두되면서 국제 팩트 체킹 사회는 우려 속에 대책을 모색하기도 했다.

세계 최대 팩트 체킹 기관 연합체로 꼽히는 국제팩트체킹네트워크(IFCN)에서는 2024년 6월 보스니아헤르체고비나 수도 사라예보에서 열린 글로벌 팩트11 회의에서 성명을 발표했다. 이때 단체는 "팩트 체커들은 최근 몇 년간 온라인 검열자들로부터 끊임없는 공격을 받았고, 심지어 언어적 학대, 폭로, 조직적 공격, 법적 위협, 정치적 압력, 심지어 신체적 폭력에 노출됐다"고 밝혔다.

이 단체는 또 AI가 등장하면서 AI가 가짜 정보를 퍼뜨릴 수 있는 위험이 있다고 인식했고, 정보의 정확성에 대한 필요성이 그 어떤 때보다 높아지고 있다고 강조했다(The International Fact-Checking Network, 2024).

팩트 체크와 언론에서 AI 기술의 발전은 위기이자 기

회다. 어떤 정치적 · 사회적 목적이 있는 집단은 AI를 통해 가짜 정보를 퍼뜨릴 수 있고, 저널리스트는 시민의 알 권리와 민주주의를 위해 AI를 무기 삼아 오정보와 역정보에 적극 대처할 수 있다. 이 상황에서 우리 기자들의 역할은 좌고우면하지 않고 독자의 알 권리에 집중하는 것 아닐까 싶다.

## 참고문헌


Chan, K., et al.(2025.1.8). Meta fact-checkers push back at Trump, Musk as Community Notes expands. *AP News.*

Digital Forensic Research Lab(n.d.). About us. https://dfrlab.org/about/

European Fact-Checking Standards Network(2023). Application: Pagella Politica. https://members.efcsn.com/application/applicationpagella-politica9bde

European Fact-Checking Standards Network(2024). EFCSN Conference 2024. https://efcsn.com/conference-2024/

European Fact-Checking Standards Network(n.d.). European Fact-Checking Standards Network. https://efcsn.com/

The International Fact-Checking Network(2024.6.25). Global Fact statement from Sarajevo. *Poynter.* https://www.poynter.org/fact-checking/2024/global-fact-statement-sarajevo/

## 04
## AP통신의 AI 프로덕트 전략

AP는 생성형 AI 활용에 보수적인 미국 전통 미디어들 가운데 가장 공격적으로 AI를 활용하고 있다. 2014년 처음으로 AI를 기업 실적 기사 작성에 활용하기 시작했고, 지금은 자사뿐만 아니라 인력난, 재정난에 허덕이는 지역 언론사들의 부활을 위해 AI 프로덕트를 개발하는 데 힘쓰고 있다. 이를 이끄는 AP의 AI 프로덕트 시니어 매니저 에이미 라인하트(Aimee Rinehart)와 같은 팀 매니저 어니스트 쿵(Ernest Kung)을 만났다.

AI와 사주?

AP는 소위 '레거시 미디어'라 불리는 전통 미디어 중 가장 빠르게 AI를 활용하기 시작한 언론사다. AI라는 단어도 생소하던 2014년, 경제부(Business News Desk)가 자연어 생성 기술(Natural Language Generation)을 활용해 수천 건의 분기별 기업 실적 기사를, 재무 데이터를 기반해 자동으로 작성하기 시작했다.

경제부 혹은 산업부에서 기업 실적 기사를 다뤄 본 기자라면 실적 기사를 쓰는 게 얼마나 반복적이고 많은 시간이 투입되는 일인지 잘 알 것이다. 기업에서 낸 보도자료 또는 전자 공시 시스템에서 기사에 필요한 실적 수치를 확인하고, 지난해 대비 실적은 얼마나 증가 또는 감소했는지 계산한 뒤, 이를 확인하는 지난한 과정을 거쳐야 한다.

AP는 홈페이지에서 이렇게 밝혔다. "AI를 활용하기 전 AP의 편집자와 기자들은 중요하지만 반복적이고, 더욱 큰 영향력 있는 기사를 쓰는 데 방해가 되는 이 (실적) 기사를 쓰기 위해 수없이 많은 자료를 검토한다. (실적 기사를 AI가 쓰게 하는) 이 프로젝트를 통해 AP는 새로운 동력을 위해 실험하는 방법을 배웠고, 다른 뉴스룸들 역시 AP 사례를 통해 신기술을 조직에 접목하도록 이끌었다."

실제로 AP의 기사 자동화 후 ≪워싱턴포스트≫, BBC, 블룸버그 등 글로벌 유수 언론들은 날씨, 스포츠, 증시, 실적 등 정확한 수치로 기사를 쓰는 여러 분야에 AI를 접목하기 시작했다. AP는 자사 웹사이트에서 AI 전략을 설명하면서 'AP는 뉴스 수집, 생산, 배포 전 과정에서 더 효율적이고 효과적일 수 있는 분야에 AI를 활용한다'라고 적었다. 생산 단계에서는 기사 작성을 비롯해 동영상 자동 전사, 기사 요약 생성 등에 AI를 접목하고 있다. 배포 단계에서는 소비자가 콘텐츠에 더 쉽게 접근하고 이를 빠르게 제작에 활용할 수 있도록 하는 게 목표다. 이미지 인식을 통해 콘텐츠를 최적화하고, 업계 최초 편집 주도형 컴퓨터 비전 분류 체계도 개발 중이다.

2023년 7월, AP는 주요 언론사 중 챗지피티를 만든 오픈AI와 가장 먼저 계약을 체결하기도 했다. 계약의 핵심 내용은 오픈AI가 챗지피티를 교육하는 데 1985년 이후 AP의 기사들을 활용할 수 있고, AP는 자사의 뉴스와 서비스에 오픈AI의 기술과 제품 전문성을 활용할 수 있게 한 것이다.

## AP의 로컬 뉴스룸 프로젝트

일찌이 AI로 다양한 실험을 해 본 AP는 10여 년에 걸쳐

쌓은 노하우를 소규모 지역 언론사들과 공유하는 데 나섰다. 프로젝트는 미국 최대 자선기금 단체 중 하나인 나이트 재단이 2021년 지역 뉴스에서 AI 확산을 명목으로 4개 기관에 보조금 300만 달러(약 43억 원)를 출연한 것에서 시작했다. 당시 나이트 재단의 저널리즘 및 기술 혁신 디렉터였던 폴 청(Paul Cheung)은 이렇게 설명했다. "전국의 많은 뉴스 조직은 AI를 활용해 성공적으로 뉴스룸을 이끌고 있다. 구독자를 늘리고, 데이터를 활용해 적합한 콘텐츠를 제공하며, 특정 유형의 뉴스 제작을 자동화해 비용을 절감하고 있다"라고 하면서도 "지역 뉴스 조직은 여전히 이 기술의 잠재력을 충분히 활용하지 못하고 있다"고 AI 활용에서 뉴스룸 간의 불균형을 지적했다(Kung, 2023).

보조금을 받은 4개 기관 중 하나였던 AP는 지역 언론사들이 AI를 효과적으로 활용할 수 있는 방안을 함께 찾고, 해당 도구를 여러 대학과 협업해 개발하는 '로컬 뉴스 AI' 프로젝트를 2년에 걸쳐 진행했다. 프로젝트를 시작한 2021년 발간한 보고서에서 AP는 "AI 기술은 대규모 국가 및 국제 언론사들 사이에서 표준 기술로 자리 잡았다"면서도 "이 현상은 지금까지 주로 대규모 언론사에 집중돼 왔다. AP는 지난 몇 년간 자체 사례를 공유하고 다른 대형 뉴스 조직들의 사례를 관찰하면서, AI에 대한 인식과 활용이 소규모 뉴스 제공자들에게까지 확산하지 않고 있다는 의심을 하게 됐다"라고 프로젝트 착수에 대한 이유를 밝혔다. 이어서 "이 프로젝트는 지역 뉴스 제공자들이 AI 기술을 현명하고 윤리적으로 활용해 저널리즘을 보완하고, 효율성을 높이며, 비즈니스 지속 가능성을 강화할 수 있도록 돕기 위해 설계됐다"라고 밝혔다.

AP는 뉴스룸의 지원을 받아 이들이 필요로 하는 AI 프로덕트를 개발해 제공하고 그 효과를 분석하는 프로젝트를 진행했다. 총 34개의 뉴스룸이 43개의 프로젝트를 제안했고, 그중 5개의 프로젝트가 선발됐다. 프로젝트는 아래와 같다.

- ▸ 미국 미네소타 지역 신문 ≪브레이너드 디스패치(Brainerd Dispatch)≫는 CMS에서 공공의 안전에 관한 기사를 자동으로 생성하는 도구를 개발했다.
- ▸ 푸에르토리코 신문 ≪엘 보세로 데 푸에르토 리코(El Vocero de Puerto Rico)≫는 영어로 제공되는 미국 기상청 데이터를 사용해 스페인어 뉴스를 자동으로 발행하는 프로덕트를 개발했다.

▸ 텍사스 방송국 KSAT-TV는 녹화된 비디오를 자동으로 전사하고, 전사본을 요약해 기사 초안을 작성하는 프로덕트를 개발했다.

▸ 펜실베이니아주 방송국 WFMZ-TV는 대중으로부터 받은 뉴스 제보 및 이메일로 들어오는 이벤트를 자동으로 정리해 보도 계획표에 입력하는 프로덕트를 개발했다.

▸ 미시간 라디오 WUOM-FM은 시의회 회의 녹화 비디오를 자동 전사하는 애플리케이션 미니츠(Minutes)의 녹취 정확도를 높이고, 키워드 식별 및 알림 기능을 추가했다.

선발된 5개 프로젝트는 번역, 전사, 요약, 키워드 알람 등 대부분 언론사가 업무 효율을 위해 자동화를 시도하는 단순 반복성 업무에 집중됐다. AP와 지역 뉴스룸이 함께 개발한 프로덕트를 최대한 많은 언론사가 업무 자동화에 접목할 수 있도록 하는 것이 프로젝트의 목표였기 때문이다. 쿵 매니저는 "AI 도구에는 스토리 특화형과 인프라스트럭처 특화형 AI가 있다. 스토리 특화형은 뉴욕 타임스의 데이터 분석처럼 특정 스토리를 보도하는 데 사용되는 고급 AI 기술이다. 인프라스트럭처 특화형 AI는 특정 스토리에 국한되지 않고, 일상적인 작업량을 줄이는 데 도움을 주는 시스템이다. AP는 인프라스트

럭처 AI 개발에 집중했다. 특정 언론사가 아닌 지역 언론업계 전체 도약의 발판을 만들어 주는 것이 우리의 목표였다"고 설명했다. 인력난과 자금난으로 소멸 위기에 처한 소규모 지역 언론사들이 AI로 생존 활로를 모색할 수 있도록 한 것이다. AI가 인간 기자를 대체해 언론사가 사라질 것이라는 위기론이 팽배하지만, 그 이면에는 AI가 인간 기자를 대체해 언론사가 살아남을 수 있는 장점도 공존한다는 걸 시사한다.

다섯 개 프로젝트 중 라인하트 시니어 매니저와 쿵 매니저가 공통으로 꼽은 대표적 성공 사례는 미시간 라디오 WUOM-FM의 미니츠(Minutes) 프로젝트다. 라인하트 시니어 매니저는 그 이유를 이렇게 설명했다.

> "뉴스룸이 줄어들면서 남아 있는 뉴스룸들은 더 넓은 지역을 커버해야 하는 상황에 놓였다. 하지만 남아 있는 뉴스룸도 기자 수가 적기 때문에 적은 자원으로 더 많은 일을 해야 하는 이중고에 시달린다. 미니츠 프로젝트는 그런 문제를 해결하는 하나의 사례다. 사우스캐롤라이나의 한 교육 담당 기자와 이야기를 나눴는데, 그가 관할하는 학군에서 매달 같은 시간에 두 개의 회의가 동시에 열리고, 둘 중 하나를 택해야 하는 상황에 놓인다고 한다. 또 이 공공 회의들이 밤까

지 진행되는 경우가 많아, 한 달에 약 60시간을 회의 참석에 소비한다고 말했다. 굉장히 많은 시간이다. AI를 활용해 회의 내용을 자동으로 전사하고 요약한 뒤 키워드를 식별해 기자들에게 그들이 관심을 두는 내용이 해당 회의에서 다뤄졌다는 메시지를 보내주도록 한다면 이는 정말 효율적이고 효과적인 일이다. 학교, 시청, 시의회 등 공공 회의들은 매우 중요하다. 인력 부족으로 놓치게 되는 회의를 AI를 통해 소화함으로써, 기자 본연의 역할인 감시와 보도를 더욱 강화할 수 있다."

이 프로젝트에서 주목해야 할 점은 자동화를 목표로 해도 그 과정에는 인간이 필수적으로 개입해야 한다는 점이다. 기자의 이메일로 들어오는 보도 자료 중 취재할 가치가 있는 중요한 일정을 분류한 뒤 이를 캘린더에 정리하도록 한 WFMZ-TV 사례를 보자. 해당 언론사와 AP는 취재 일정 중요도 판단에서 WFMZ-TV 뉴스룸 기자들과 같은 의사결정을 내릴 수 있도록 다섯 명의 기자들이 5000개의 이메일을 분류한 데이터를 알고리즘에 학습시켰다. 최종 결정을 내린 뒤에도 인간의 검토는 필수적이었다. 해당 알고리즘은 인간보다 더 많은 일정을 뉴스 가치가 있다고 판단하는 경향이 있었다. 쿵 매니저는 "뉴스 가치가 있는 것을 없다고 잘못 분류하는 실수는 없었지만, 이는 너무 많은 거짓 양성(False Positive)을 분류하는 한계도 동시에 가져왔다"라고 분석했다.

가장 효과적이었다고 평가 받은 미시간 라디오의 미니츠 프로젝트에서도 녹취의 한계가 발목을 잡았다. 해당 프로젝트에서 가장 중요했던 것은 AI가 푼 녹취록의 정확도였다. 녹취록의 정확성이 떨어질수록 요약과 키워드 식별에서 오류가 발생할 가능성도 높아지기 때문이다. 그 과정에 대해 쿵 프로덕트 매니저는 이렇게 설명했다. "인간이 푼 녹취록과, 네 가지의 AI 전사 서비스의 정확도(Word error rate)를 비교했다. 오디오 품질이 가장 낮은 영상 녹취록 기준 가장 높은 정확도는 12%에 불과했다. 대략 10개의 단어 중 한 개는 틀렸다는 뜻이다. 물론 최악의 오디오 품질 영상 기준이었지만, 이는 결국 인간의 개입이 필수적이라는 것을 보여준다. 즉, 미니츠는 인간 기자를 '대체'하는 것이 아니라, 인간 기자를 '지원'하는 도구인 것이다."

## 하이브리드 저널리즘이 가져올 미래

2014년 실적 기사 자동화로 뉴스룸의 AI 활용의 포문을 연 AP가 여러 우려와 의심 속에 다양한 AI 실험을 한 지도 12년째가 됐다. AP는 앞으로 AI가 바꿔 나갈 저널리즘의 지형을 어떻게 그리고 있을까.

쿵 매니저는 인간과 AI가 각자의 역할을 수행하며 협업하는 새로운 업무 수행 방식이 자리 잡아야 한다고 진단했다. 미국 노스캐롤라이나대학 허스먼 저널리즘 스쿨이 발표한 보고서에 따르면 2005년부터 2020년 사이 폐간한 지역 신문은 2200여 개로 전체 지역 신문의 4분의 1에 달했다. 지역 언론이 줄폐업하고 있는 상황에서 지속 가능한 비즈니스 모델을 찾고, 양질의 저널리즘을 독자들에게 제공할 방법을 AI를 통해 모색해야 한다는 설명이다.

그는 미국 온라인 매체 ≪미디엄≫ 기고 글에서 기자들이 타자기 대신 컴퓨터로 기사를 작성하는 것이 업계 표준이 된 것처럼 미래에는 닉 디아코풀로스(Nick Diakopoulos) 노스웨스턴대 교수가 2019년 저서 'Automating the News: How Algorithms Are Rewriting the Media'에서 설명한 바와 같이, 인간과 AI가 새로운 방식으로 결합한 하이브리드 저널리즘 모델이 필요하다고 말했다.

생성형 AI를 활용한 업무 자동화는 필연적으로 인간 기자의 대체로 이어질까. 쿵 매니저가 인터뷰에서 한 말을 상기해 보자.

> "한 언론사가 로봇 인터뷰어를 활용한다고 가정해 보자. 로봇이 비극적 사건으로 사랑하는 사람을 잃은 사람의 집을 찾아가 문을 두드리며 '당신의 상실에 대해 유감을 표합니다. 당신이 사랑했던 분에 대해 이야기해 주시겠어요?'라고 말한다면 어떤 일이 벌어질까? 로봇이 부서져서 뉴스룸으로 돌아왔다고 해도 놀랍지 않을 것이다. 인간의 비극 속에서 로봇을 보내 문을 두드리게 한다는 것은 인터뷰이의 마음을 얻을 수 없을뿐더러, 언론 윤리에도 맞지 않는다. 미국기자협회(SPJ)는 윤리 강령에서 '고의로 사람을 다치지 않게 하는 것'을 아주 강하게 규정하고 있기 때문이다. 결국 저널리즘은 인간 대 인간의 접촉을 기반으로 이뤄지며, 이는 기계에 의해 절대 대체될 수 없다. 반복적이고 단순한 업무로부터 인간 기자를 해방시키고, 그들이 보다 가치 있는 일에 집중할 수 있도록 하는 데 AI의 개발과 활용을 집중해야 할 것이다. 이는 특히 기자가 턱없이 부족한 소규모의 지역 언론사에서는 더욱 큰 기회가 될 것이다."

이는 지역 언론이 재정적 어려움에 직면해 있는 한국에도 시사하는 바가 크다. ≪미디어오늘≫이 2023년 지역

MBC, 지역 민영 방송사 26곳의 실적을 조사한 결과 영업 이익을 기록한 곳은 5곳에 불과했다. 지역을 대표하는 지역 신문 중 영업 이익을 기록한 곳도 ≪경기일보≫, ≪대전일보≫, ≪강원일보≫ 등 세 곳에 불과했다(윤수현, 2024). 해마다 광고 수입이 줄고 있는 상황에서 AI를 활용한 업무 효율화가 재정난의 해결 방안 중 하나가 될 수 있다. 생성형 AI와 인간의 협업으로 지역 언론이 풀뿌리 민주주의 근간 역할을 다시 하게 되길 기대해 본다.

## 참고문헌


윤수현(2024.4.10). 지역언론 위기 전보다 더 심각… 자본 의존도 높아지나. ≪미디어오늘≫. https://www.mediatoday.co.kr/news/articleView.html?idxno=317252

Kung, E.(2023.11.20). Building AI-powered projects for local newsrooms. *Medium.* https://generative-ai-newsroom.com/building-ai-powered-projects-for-local-newsrooms-f00d105d05ff

Sarah Scire(2023.8.16). "Not a replacement of journalists in any way": AP clarifies standards around generative AI. *NiemanLab.* https://www.niemanlab.org/2023/08/not-a-replacement-of-journalists-in-any-way-ap-clarifies-standards-around-generative-ai/

Rinehart, A. & Kung, E.(2022.3). Artificial intelligence in local news: A survey of US newsrooms' AI readiness(Technical Report). The Associated Press. https://www.amic.media/media/files/file_352_3673.pdf

## 05
# AI 뉴스 시대의 언론 윤리

AI가 언론사에 혁신을 가져올 수 있는 파괴적 도구라는 것은 자명한 사실이다. 하지만 여전히 국내 언론사가 AI를 활용하는 데 소극적인 이유는 AI가 가진 윤리적 딜레마 때문이다. 생성형 AI의 태생적 한계인 편향, 환각 그리고 저작권 침해 문제는 언론사의 최대 가치인 정확성, 공정성, 투명성을 직접적으로 위협한다. 이러한 한계를 해결하기 위해 해외 유수 언론들은 일찍이 AI를 윤리적이고 효과적으로 활용할 수 있는 가이드라인을 마련하기 시작했다.

AI와 아이돌?

2024년 1월 이스라엘 텔 아비브 대학교 콜러 경영대학원 리서치 담당 부학장 갈 오스트라이허-싱어 교수는 챗지피티에 성별 편향이 있음을 입증하는 흥미로운 연구를 발표했다. 교수진은 챗지피티에 '직업, 나이, 연봉, 가용 가능한 투자금'을 알려 준 뒤 투자 조언을 구했다. 총 2400개의 명령어를 넣어 조언을 구한 결과, 챗지피티는 통상적으로 여성의 직업군이라 인식되는 간호사, 유치원 선생님 등 직업군에 빚을 먼저 갚거나 전문가의 투자 조언을 구하라는 등의 보수적인 제안을 했지만, 남성 직업군에서는 그러한 권고가 거의 없었다고 한다. 챗봇은 사용자를 여성으로 인식했을 때 더 대화를 단순화하고, 가르치려 드는 어조를 사용하는 경향이 있다는 점도 발견됐다.

## 언론사 윤리 위협하는 AI

AI가 특정 성별, 인종 등에 차별적일 수 있다는 편향성 문제는 AI 서비스 초기 단계부터 지적돼 왔다. AI는 과거 데이터를 학습한 뒤 패턴을 발견해 이와 유사한 판단을 내린다. 과거 인간이 축적한 데이터는 특정 집단—예컨대 백인 남성 집단—의 목소리를 과대평가하고, 반면 유색 인종이나 여성 등 과거에 소외됐던 집단의 목소리는 과소평가하는 한계를 갖는다. 아마존이 과거 10년간의 채용 데이터를 학습시켜 만든 채용 AI의 경우, 남성이 채용 및 승진되는 경우가 많았기 때문에 여성 지원자에게 낮은 점수를 주거나 아예 승진에서 배제했던 것이 대표적인 사례다. 2016년 미국 비영리 탐사 보도 매체 프로퍼블리카는 'Machine Bias'라는 제목의 보도에서 사법기관이 사용하는 피고인의 재범 가능성 평가 도구 '컴퍼스(COMPAS)'의 알고리즘이 흑인 피고인을 백인 피고인보다 재범 위험이 높다고 잘못 판단할 가능성이 훨씬 크다는 것을 발견했다. 과거 흑인이 다른 인종에 비해 범죄자 또는 재범자로 수사 기관에서 분류되는 경우가 월등히 높았기 때문이다.

이러한 데이터의 태생적 한계를 극복하기 위해 기술 기업들은 '편향 제거 알고리즘(Debiasing Algorithm)'을 개발하기도 한다. 훈련 데이터 세트에서 과소 대표된 계층을 보다 정확하게 예측할 수 있도록 특정 데이터를 제거한다. 이를 통해 모든 그룹이 균등하게 대표되도록 하는 방식이다. 하지만 이 과정에서 방대한 양의 데이터가 삭제되기 때문에 모델 성능이 전반적으로 저하된다는 한계가 있다.

AI가 갖는 윤리적 한계에는 정확성 문제도 있다. 대규모 언어 모델(LLM)의 환각이 대표적이다. LLM은 내용의 정확성보다는 사람의 언어와 얼마나 비슷하고 자연스러운지, 또 빠르게 답변을 내놓는지에 초점이 맞춰져 있다. 틀린 정보를 마치 사실인 것처럼 그럴듯하게 답변할 가능성이 있는 것이다. AI가 생성한 실제 같은 사진 및 영상으로 가짜 뉴스의 확산 위험성도 높아졌다. 생성형 AI가 만든 텍스트, 사진, 영상은 온라인상에서 무분별하고 그 어느 때보다 빠르게 퍼지고 있다. 언론사는 이러한 콘텐츠를 빠르게 보도해야 하는지, 속보 경쟁에서 뒤처지더라도 정확한 사실 관계 검증을 거친 뒤 보도해야 하는지에 대한 딜레마적 상황에 놓이게 됐다. ≪워싱턴포스트≫는 가짜 뉴스를 추적하는 뉴스가드(NewsGuard)의 조사를 인용, 2023년 5월 이후 허위 기사를 업로드 하는 웹사이트 수가 49개에서 600개 이상으로 늘어났다고 밝히면서 AI에 의한 가짜 뉴스가 허위 정보의 슈퍼 확산자(Super-spreader)로 이어질 수 있다고 지적했다.

AI가 생성한 결과물을 확인 없이 사용했을 때 표절 및 저작권 침해 문제도 생길 수 있다. 생성형 AI는 기존의 뉴스, 논문, 소설, 시, 음악, 회화, 사진 등 다양한 저작물을 학습해 결과물을 내놓기에 표절 및 저작권 침해 가능성이 있다. 박아란(2024)은 "생성형 AI 시스템의 학습이

공정 이용(Fair Use)에 해당할 것인지 아니면 저작권 침해에 해당하는지에 대해 전 세계적으로 논란이 발생하고 있으며, 학습에 활용된 콘텐츠를 투명하게 공개하고 정당한 사용료를 지급하라는 목소리도 높아지고 있다"라고 지적했다. 영국 신문 ≪텔레그래프≫가 2023년 11월 발표한 AI 활용 지침에서 챗지피티에 의해 일부라도 생성된 기사를 제출할 때 표절에 상응하는 처벌을 받게 될 것이라면서 엔진들이 여러 출처에서 흡수한 콘텐츠에 의존하기 때문에 표절 위험이 있고, 앞으로 이 콘텐츠가 저작권 청구의 대상이 될 수 있다고 밝혔다.

현장의 기자들 역시 생성형 AI가 초래할 수 있는 정확성과 공정성 문제에 대해 우려하고 있다. AP가 2024년 4월 발간한 '생성형 AI 보고서(Generative AI Report)'에 따르면 응답자 174명의 가장 큰 윤리적 우려는 '인간 감독의 결여'(21.8%, 48명)였다. 그 뒤로는 '부정확한 정보'(16.4%, 36명), '편향'(9.5%, 21명), '콘텐츠 품질 저하'(7.7%), '책임'(3.2%), '표절'(3.2%), '저작권 문제' (2.7%) 등이 뒤를 이었다.

## 세계 언론들이 제시한 가이드라인

데이터 편향, 가짜 뉴스 확산, 저작권 및 개인 정보 침해 등 AI 활용이 내포하는 윤리적 문제를 해결하기 위해 해외 언론사들은 생성형 AI를 활용하는 실용적이고 윤리적인 가이드라인을 제정하고 있다. 2023년 3월 미국 IT 전문지 ≪와이어드(Wired)≫는 '생성형 AI 도구를 사용하는 방법'이라는 윤리적 지침을 전 세계 최초로 발표했다. AI를 가장 먼저 도입한 AP를 비롯해 ≪뉴욕타임스≫, ≪가디언≫, NPR, BBC, 로이터 등 세계 유수 언론들은 AI의 윤리적 활용을 담은 자체 가이드라인을 마련하고 있다. 주목할 만한 점은 이 매체들 모두 가장 핵심에 '인간의 개입'을 두고 있다는 점이다.

니먼랩은 2023년 7월 미국, 캐나다, 유럽 등 21개 뉴스룸의 AI 활용 가이드라인을 분석했다. 니먼랩은 이들 뉴스룸에서 공통으로 발견된 기준 10가지로 ▸ 인간의 개입 ▸ 투명성 ▸ 사용 분야 명시 ▸ 책임 ▸ 프라이버시 ▸ 주의 깊은 활용 ▸ 트레이닝 편향 등을 꼽았다. 주요 내용은 아래와 같다.

▸ 인간의 개입(Human Oversight): 대부분의 언론사가 가장 중요하게 언급하고 있는 것은 '인간의 개입'이다. AI의 편향, 환각, 오정보(misinformation)와 역정보(disinformation)에 대한 우려가 여전히 큰 만큼, 인간 기

자가 반드시 최종 결과물을 확인해야 한다는 것이다. 보도 전 AI를 활용한 결과물에 대해 추가적 편집이나 팩트 체크 과정을 거치도록 했다. 의사결정은 AI에 대체될 수 없다는 것을 명확히 했다. 로이터는 '유의미한 인간의 개입을 지향한다.'라고 적었고, ≪가디언≫은 인간 기자의 개입 없는, AI가 만든 편향적이거나 불확실한 정보로 독자의 신뢰를 잃어서는 안 된다고 강조하면서 'AI가 활용된 콘텐츠의 경우 고위 편집자의 명시적 허가가 필요하다.'라고 밝혔다. 캐나다의 주요 미디어 그룹 CBC는 'CBC의 그 어떤 기사도 직접적인 인간 개입과 감시 없이 배포 및 방송되지 않는다.'라고 적었다. 북미 레거시 미디어에 비해 AI 활용이 자유로운 유럽 미디어들도 인간 개입에서는 뜻을 분명히 밝혔다. 노르웨이 언론사 VG는 '생성형 AI가 사용된 모든 콘텐츠는 인간이 직접 배포 허가를 내려야 한다.'라고 했고, 네덜란드 유력 일간 ≪더 폴크스크란트(De Volkskrant)≫는 그들의 콘텐츠는 인간 편집자와 기자, 사진 기자와 일러스트레이터에 의해 생산되며, 사람의 허가 없이는 자사의 제호 아래 보도될 수 없다고 분명히 했다. 19개국에 뉴스 브랜드를 갖고 있는 스위스 미디어그룹 링기어(Ringier)는 'AI를 활용해 생산된 모든 콘텐츠는 비판적으로 검토돼야 하며, 모든 정보는 회사의 판단과 전문성을 활용해 검증, 확인, 보완을 거쳐야 한다.'라고 밝혔다.

▸ AI 활용에 대한 투명한 공개(Transparency): AI가 어떻게 활용됐는지를 명확히 설명하도록 하는 '투명성'도 공통적으로 언급됐다. VG는 'AI가 생성한 콘텐츠는 분명하고, 독자가 이해할 수 있는 방식으로 명시돼야 한다.'라고 밝혔고, ≪가디언≫은 생성형 AI로 콘텐츠를 제작했을 경우 '그 사실을 독자에게 명확히 밝히겠다.'라고 적었다. CBC는 독자들을 '놀라게 해서는 안 된다.(No Surprises)'고 말하면서 '독자에게 모든 것을 밝히지 않는 방식으로는 생성형 AI를 활용하지 않겠다.'라고 했다. 이는 ≪뉴욕타임스≫가 강조하고 있는 방향이기도 하다. ≪뉴욕타임스≫는 취재 과정에서 AI가 활용됐을 경우 기사 하단에 '방법론(Methodology)' 항목을 두고, AI 프로덕트 또는 플랫폼의 이름부터 구체적인 AI 활용 방식을 설명한다. 대선 유세 기간 트럼프 지지 단체가 화상회의로 나눈 대화를 분석한 기사에서 '400시간 이상의 비디오 녹화본을 분석하는 데 있어, 기계 학습 모델로 녹취를 전사해 총 500만 단어의 녹취록을 확보했고, 대형 언어 모델들을 활용해 반복적으로 등장하는 주제를 추

렸다.'라고 설명하는 식이다. 대부분의 언론사가 투명성을 강조하고 있는 가운데 링기어의 사례는 흥미롭다. 이 언론사는 'AI 도구가 보완적 용도로만 활용됐을 때는 반드시 AI 활용 내역을 밝힐 필요는 없다.'라고 규정했다.

▸ 생성형 AI 활용 분야에 대한 정의(Banned vs Allowed uses): 많은 언론사는 AI가 활용될 수 있는 분야와 활용이 금지돼야 하는 분야도 명확히 구분했다. 정도의 차이는 있지만 대부분의 언론사가 생성형 AI의 사용을 금하는 분야는 텍스트와 이미지 생성이다. 미국 온라인 매체 ≪와이어드≫는 'AI가 생성한 텍스트 또는 AI로 편집된 텍스트, AI가 생성한 이미지를 기사로 게시하지 않는다.'라고 밝혔다. 미국 온라인 매체 ≪인사이더(Insider)≫는 AI를 '기사 초안 작성, 검색엔진최적화(SEO)를 거친 제목, 원고 교정, 인터뷰 질문지 생성, 개념 설명, 과거 기사 요약'에 사용할 수 있다고 밝혔다. 그러나 AI가 대신 글을 써서는 안 된다고 못 박았다. 홍콩의 영자지 ≪홍콩프리프레스(Hongkong Free Press)≫는 기사 작성, 이미지 생성, 팩트 체크 그 어떤 분야에서도 AI를 써서는 안 된다고 금지하면서 'AI 도구 중 적합한 출처에서 정보를 인용하는 경우는 거의 드물다.'라고

이유를 밝혔다. 방송사를 보유한 CBC는 기술이 어떻게 구현되는지를 보여주기 위한 경우를 제외하고는 기자나 인물의 목소리 또는 모습을 AI로 재현하지 않는다고 규정했다. 또한 익명을 원하는 제보자의 목소리를 AI로 구현하지 않으며 기존의 방식대로 음성 변조를 유지할 것이라고 밝혔다. ≪파이낸셜타임스(FT)≫는 AI가 생성한 사실적인 이미지는 사용하지 않겠지만, AI의 도움을 받은 인포그래픽, 다이아그램, 사진 등은 실험적으로 사용하되 그 사실을 독자에게 명확히 밝히겠다고 적었다.

▶ 책임: 쉽게 말해 AI를 활용함으로써 발생할 수 있는 모든 문제에 대한 책임을 언론사가 지겠다는 점을 명시한 것이다. 스웨덴 신문 ≪아프톤블라데트(Aftonbladet)≫는 AI나 기타 기술을 사용하거나 기반으로 한 자료를 포함해 "사이트에 게시하는 모든 콘텐츠에 대한 책임은 우리에게 있으며 이는 우리의 출판 권한에 속한다"라고 밝혔다. 로이터는 데이터와 AI 제품 및 서비스의 사용에 대해 "적절한 책임 조치를 시행하고 유지할 것"이라고 명시했다. 독일 뉴스통신사 DPA는 "오류와 오용의 위험을 최소화하기 위해 기술적으로 강력하고 안전한 AI만 사용할 것"이라고 강조했다. 독일기자협회(DJV)는 뉴스

조직이 콘텐츠에 대한 책임이 있으며, AI가 관여된 저널리즘 콘텐츠의 경우 규정된 승인 및 검토 절차를 마련해야 한다고 강조했다. FT는 "기술 혁신이 급속히 이루어지는 시대에 최고 수준의 저널리즘을 제공하는 것이 우리의 사명이며, 그 사명이 더욱 중요해졌다"는 신념을 밝혔고, "FT는 투명성을 유지하고, 사실을 보도하며, 진실을 추구해야 할 더 큰 책임이 있다"고 천명했다. 미국 ≪인사이더≫도 독자들이 콘텐츠의 정확성, 공정성, 독창성, 품질에 대해 신뢰할 수 있어야 한다고 강조하는 한편, 기자들이 기사의 모든 단어에 대해 정확성, 공정성, 독창성, 품질에 대한 책임을 진다고 명시했다.

## 한국 언론의 현주소와 나아갈 방향

해외 언론이 AI의 효율적, 윤리적 사용에 대한 가이드라인 마련을 통해 발생할 수 있는 문제들에 대한 선제 대응을 택했지만, 국내 언론사들은 생성형 AI 활용에 대한 구체적인 지침 마련이 해외에 비해 뒤처진 것이 사실이다.

국내에선 언론사를 회원사로 둔 단체가 AI 활용 준칙 마련을 이끌고 있다. 인터넷 신문 자율 규제 기구인 인터넷신문윤리위원회(구 인터넷신문위원회)는 2024년 2월 언론인의 관리 감독하에 AI를 활용해야 한다는 내용을 골자로 한 열 가지 가이드라인을 제시했다. 한국언론진흥재단은 2024년 12월 5일 '언론을 위한 생성형 인공지능 준칙'을 공동 발표했다. 준칙의 핵심은 인간의 관리와 감독, 책무성, 사실 확인과 검증, 활용 범위, 투명성, 다양성, 형평성, 포용성, 권익 보호, 저작권 보호, 플랫폼의 사회적 원칙, 갱신과 교육 등이다. 재단은 서문에서 "언론의 인공지능 활용은 무엇보다 철저한 사실 확인과 검증을 전제로 다양성, 독립성, 투명성, 책무성 같은 저널리즘 가치를 준수하며 실행되어야 한다"라고 밝혔다.

개별 언론사로는 ≪한국일보≫가 2024년 4월 처음으로 '≪한국일보≫ 생성형 AI 활용 준칙' 가이드라인을 발표했다. ≪한국일보≫의 준칙에서 주목할 만한 점은 취재(사실 확인)는 반드시 기자가 하고 생성형 AI를 활용할 수 없도록 한 점, 인간 관여 및 감독 없이는 AI로 생성한 뉴스를 보도하지 않도록 한 점, 창의적 글쓰기나 현장 기록을 생성형 AI로 대체하지 않는 점 등이다. 해외 주요 언론사들이 인간 기자를 중심에 두고 AI의 역할을 규정한 것과 궤를 같이한다. 세계적 흐름에 발맞춰 해외 언론사와 유사한 내용을 담은 가이드라인을 마련했지만 여전히 실무에 적용할 수 있는 구체성은 떨어진다는 아쉬움이 남는다.

해외 언론사들 사례에서 발견되는 가장 중요한 공통점은 특정 직군만이 아니라 회사 전체 구성원이 함께 논의하는 참여 구조를 갖춘다는 것이다. ≪뉴욕타임스≫가 'AI 이니셔티브'를 마련하고, 해당 팀에서 전사 직원들을 대상으로 AI의 수요 파악에 나서는 것이 대표적 사례다. ≪워싱턴포스트≫는 CEO를 포함해 전사 부문 리더가 참여한 AI 태스크포스(TF)를 구성했다. ≪가디언≫은 6월 생성 AI 접근 방식 발표에 앞서 편집, 크리에이티브, 엔지니어링, 제품, 법률, 상업 및 파트너십 팀 동료들이 3개월 동안 워킹 그룹을 구성하고 AI 원칙 초안을 작성했다. 다양한 부서가 참여하고 협의하는 것은 AI의 중요성과 악영향을 전사적으로 인식하고 공감대를 마련하기 위해서다.

## 참고문헌

강미혜(2023). 저널리즘 원칙 반영해 통합적·구체적·확장적으로 설계해야. ≪신문과방송≫, 632, 21 – 27쪽.

박아란(2024). 저널리즘 본질, 사실 검증 그리고 이용자의 이해와 뉴스 접근권을 위해. ≪신문과방송≫, 638, 62 – 65쪽.

한정현 외(2024). 미디어 산업 AI 활용성에 관한 고찰: 저널리즘 분야 적용의 주요 쟁점을 중심으로. 문화기술의 융합, 10(3), 713–722쪽.

BBC(n.d.). Guidance: The use of Artificial Intelligence. *BBC.*

https://www.bbc.co.uk/editorialguidelines/guidance/use-of-artificial-intelligence

Cools, H. & Diakopoulos, N.(2023.7.11). Writing guidelines for the role of AI in your newsroom? Here are some, er, guidelines for that. *Nieman Lab.* https://www.niemanlab.org/2023/07/writing-guidelines-for-the-role-of-ai-in-your-newsroom-here-are-some-er-guidelines-for-that/

European Commission(n.d.). AI Act: Regulatory framework for artificial intelligence. *European Commission.* https://digital-strategy.ec.europa.eu/en/policies/regulatory-framework-ai

Maher, B.(2023.11.15). Telegraph journalists told use of ChatGPT will result in same sanctions as plagiarism. *Press Gazette.* https://pressgazette.co.uk/publishers/nationals/telegraph-generative-ai-guidelines-policy-copyright/

Meir, N.(2023.8.15). AP's AI usage guideline. *Associated Press.* https://www.ap.org/the-definitive-source/behind-the-news/standards-around-generative-ai/

The New York Times Company(2024.5.9). Principles for using generative A.I. in the Times's newsroom. *The New York Times Company.* https://www.nytco.com/press/principles-for-using-generative-a%E2%80%A4i%E2%80%A4-in-the-timess-newsroom/

UK Government(2023). AI regulation: A pro-innovation approach(White Paper). UK Government. https://www.gov.uk/government/publications/ai-regulation-a-pro-innovation-approach/white-paper

Verma, P.(2023.12.17). The rise of AI fake news is creating a 'misinformation superspreader'. *The Washington Post.* https://www.washingtonpost.com/technology/2023/12/17/ai-fake-news-misinformation/

Viner, K & Bateson, A.(2023.6.16). The Guardian's approach to generative AI. *The Guardian.* https://www.theguardian.com/help/insideguardian/2023/jun/16/the-guardians-approach-to-generative-ai

06

# 뉴욕시립대학교의 AI 저널리즘 랩

뉴욕시립대가 마이크로소프트의 후원을 받아 진행하는 AI 저널리즘 랩은 파일럿 프로그램을 거쳐 2025년부터 리더십 부문과 실무자 대상 적용 부문으로 확대 개편됐다. 2025년 리더십 부문에는 전 세계에서 AI 뉴스룸을 선도하는 인물들이 프로젝트에 참여한다.
미국 · 케냐 · 프랑스 등 전 세계 23명의 리더는 3개월 간의 경쟁 PT에 나선다.

AI와 야구?

2025년 1월 23일, 전 세계 기자의 관심이 뉴욕시립대 크레이그 뉴머크 저널리즘 스쿨에 쏠렸다. 이날 학교 측은 23명의 펠로 명단을 발표했다. 올해부터 야심차게 진행하는 'AI 저널리즘 랩'에 참여하는 전 세계 기자들이다. 학교 측은 몇 차례 진행한 파일럿 형태의 AI 펠로우십을, 올해부터 관리자를 대상으로 하는 리더십 부문과 일선 팀장급 언론인을 대상으로 하는 적용(Adoption) 부문으로 확대 및 분화해, 전 세계 AI 저널리즘 리더들의 멘토를 자처하고 나섰다. 이들은 각각 3개월씩 온 · 오프라인으로 기자 출신 교수진과 호흡하며 개별 AI 프로젝트를 진행하게 된다.

아직 이 AI 저널리즘 랩에 한국인 참가자는 없다. 하지만 국제 사회에서 한국이 차지하는 규모와 위상을 감안하면 뜻 있는 국내 언론인이 프로그램을 통해 AI 프로젝트를 키워 볼 가능성은 충분히 있다. 뉴욕시립대 저널리즘 스쿨은 또 프로덕트 기반의 수익화 전략 과정이나 기업가 정신 함양을 위한 매체 창업 프로그램 등 다양한 중견 기자 재교육 시도를 해 왔다. 국내 저널리즘 교육에서도 이와 같은 중견 기자 교육 프로그램이 도입될 가능성이 있다.

## AI 뉴스룸 리더 키우는 '리더십 부문'

뉴욕시립대 AI 저널리즘 랩의 리더십 부문은 'AI의 도움으로 더 나은 리더와 관리자가 되고 AI를 둘러싼 전략적 판단을 더 슬기롭게 하기 위한' 목적으로 생겨났다. 이 프로그램은 2025년 1월 첫 과정이 시작돼 4월 마지막 프레젠테이션을 끝으로 1기가 수료됐다. 이 리더십 부문에는 전 세계에서 선발된 23명의 국 · 부장급 리더들이 선발됐다. 이하는 해당 명단(Craig Newmark Graduate School of Journalism, 2025)이다.

**뉴욕시립대 AI 저널리즘 랩 리더십 부문 참가자 명단 (2025년)**

어니스토 아길라르(KQED 라디오 프로그램 및 콘텐츠 다양성 · 형평성 · 포용성 책임 디렉터, 미국)

레이첼 아키디 오퀴르(리보 컨설트 선임 미디어 컨설턴트 및 전략 고문, 케냐)

리나 알-에제일랏(≪7iber≫ 편집국장, 요르단)

루시아나 카르도소(≪비브라≫ 디지털 프로덕트 · 데이터 디렉터, 브라질)

엠마 커루 그로범(마샬 프로젝트 커리어 · 문화 디렉터, 미국)

린지 크라이스트(≪스펙트럼뉴스≫ 표준 및 관행 팀장, 미국)
앤서니 에스게라(≪베나르뉴스≫ 독자 참여 팀장, 미국)
엘리자베스 감펠(≪쥐트도이체 차이퉁≫ AI · 프로덕트 국장, 독일)
레이나 켐프트(개닛 커뮤니티 저널리즘 센터 데이터 자동화 및 뉴스레터 부국장, 미국)
아킵 칸(NDTV 콘텐츠 혁신 부에디터, 인도)
캐스린 코트지(≪데일리매버릭≫ 운영팀장, 남아공)
아이슬링 매커비(아이리시타임스그룹 전략 · 개발 디렉터, 아일랜드)
아얀 미트라(≪텍사스트리뷴≫ 로컬뉴스 선임국장, 미국)
알바 모라 로카(AJ+ 스페인어판 총괄 프로듀서, 스페인)
애버딘 올라수포(팩트 체크아프리카 창립자, 나이지리아)
마이클 올슨(MPR 뉴스 디지털 부에디터, 미국)
카타지나 레이노네(NBC유니버셜 로컬 독자유지 선임매니저, 미국)
마틴 쇼리(≪아프톤블라데트≫ 편집 AI 및 혁신 디렉터, 스웨덴)
얀 슈슬러(ZDF AI 팀장, 독일)
토마 세마(ARTE 혁신 및 디지털 뉴스 부국장, 프랑스)

비토르 소라노(≪g1≫ AI 팀장, 브라질)

마엘 발레호(캐피털 디지털 콘텐츠 부사장, 멕시코)

페이지 울프(다우존스 전략이니셔티브 매니저, 미국)

이 중에서 남아공 언론 ≪데일리매버릭≫과 스웨덴 일간 ≪아프톤블라데트≫는 AI를 활용한 기사 자동 요약 서비스를 제공하고 있어 국내에서 소개된 바 있다. 오세욱(2024)과 최승영(2024)에 따르면 이들 언론은 AI를 통해 기사 자동 요약 서비스를 하고 있다. ≪아프톤블라데트≫는 기사 요약 서비스를 통해 젊은 독자층의 유입이 27% 늘어났다고 한다. 요약 말미에는 "오픈AI의 도구를 사용하여 작성되었으며 ≪아프톤블라데트≫에 의해 품질이 검증됐다"라고 명시돼 있다고 한다.

리더십 부문 참가자 중 상당수는 이미 세계 AI 뉴스룸 업계에서 꽤 유명한 사람들이다. 한발 더 나아가는 뉴스 서비스를 위해 공부와 프로젝트, 더 나아가 공개 발표를 마다하지 않는다. 뉴욕시립대 저널리즘 스쿨 역시 전 세계에서 AI 뉴스룸 혁신을 선도하는 리더들을 선발해 혁신을 돕고, 더 나아가 세계 뉴스룸 리더들을 멘토링하는 학교로 발돋움하기 위한 포석으로 풀이된다.

리더십 부문은 ▸ AI 전략의 설립 및 정교화 ▸ 윤리적

AI 의사결정 ▸ 관리자를 위한 AI 도구 ▸ 프로덕트와 오디언스 작업에서의 AI 사용 ▸ 사업 설계 및 시나리오 구상 ▸ 조직 안에 AI 문화 만들기 등의 과목을 배우게 된다.

## 젊은 실무자 대상의 '적용 부문'

AI 저널리즘 랩의 적용 부문은 다소 젊은 실무급의 기자나 뉴스룸 전문가를 대상으로 한다. 'AI를 시작하는 뉴스룸을 어떻게 도울 수 있을까'라는 화두로 프로젝트를 진행한다. 막 AI를 편집국에 도입하려는 전 세계 뉴스룸 실무자를 대상으로 하는 프로그램으로, 지역 언론인이나 관리자, 학자 등이 참여한다. 주된 교과목으로는 ▸ 생성형 AI: 지금과 미래에 가능한 것 ▸ 나만의 GPT 구축하기 ▸ 거대 언어모델, 파인 튜닝, 검색 증강 생성(RAG), 에이전트 ▸ AI와 AI에 관한 보도 ▸ AI의 윤리적 · 법률적 이슈 ▸ 미래 뉴스룸의 AI 예측 등이다. 적용 부문은 2025년 1월 말 참가자에게 개별 통지되어 3월부터 7월까지 진행했다.

AI 저널리즘 랩의 강사로는 뉴욕시립대에서 꾸준히 중견 기자 대상 뉴스룸 혁신 펠로우십을 진행해 온 아니타 질리나 베타 리더스 랩 최고경영자(CEO)와 니키타 로이 뉴스룸 로봇 연구소 창립자가 나섰다. 이들은 AI 전문가와 실무자 초빙 실습 강의를 병행하며 개별 참가자의 AI 프로젝트를 멘토링한다. 필자가 뉴욕시립대 스몰 뉴스룸 프로덕트 이머전 과정에서 수업을 들었던 마리 길거 J+ 소장이나 카일 플라츠 선임 프로그램 매니저 역시 이 프로그램에서 중추적인 역할을 맡고 있다.

## 혁신 DNA로 변화 이끄는 큐니

미국에서 흔히 큐니(CUNY)로 불리는 뉴욕시립대에 저널리즘 스쿨이 생긴 것은 2006년이다. 낮은 학비로 기자를 육성하는 한편 유색 인종 등 소수자를 배려하는 저널리스트 양성을 위해 생겼다(Craig Newmark Graduate School of Journalism, n.d.-a). 미국 언론계에서 혁신을 선도하는 학교로 잘 알려져 있다. 미국탐사보도협회(IRE) 이사를 맡고 있는 앤드루 레런(Andrew Lehren) 교수와 전직 이사인 람 투이 보(Lam Thuy Vo) 교수가 봉직하고 있다. 레런 교수는 동유럽과 아프리카 등 전 세계를 돌며 탐사 보도 기법을 전수하는 데 앞장서고 있으며, 보 교수는 데이터 저널리스트 출신으로 미래 데이터 전문 기자를 육성한다. 학교는 석사 과정과 중견 언론인 대상의 단기 프로그램을 담당하는 J+ 과정, 기업가 정신 저널리즘 센터, 비즈니스 저널리즘 센터, 지역 미디어 센터 등 연구소로 구성돼 있다(Craig Newmark Graduate School of Journalism, n.d.-c).

그중에서 J+는 국내에는 유래를 찾기 어려운 중견 언론인 전문 교육 기관이다. 국내에서는 한국언론진흥재단 언론인 연수센터와 비슷하다고 볼 수 있지만 J+는 수업 내용이 더 길고 대부분 프로젝트 기반이라는 점이 다르다. J+는 그동안 뉴스룸 리더를 위한 '차세대 뉴스 리더십 프로그램', 매체 창업을 코칭하는 '기업가 정신 저널리즘 크리에이터 프로그램', '스몰 뉴스룸 프로덕트 이머전 프로그램', '흑인 미디어 프로덕트 전략' 등의 프로그램을 진행해 왔다(Craig Newmark Graduate School of Journalism, n.d.-d). J+ 프로그램은 대부분 무료로 진행되며, 실시간 온라인 강의로 이루어진다. 하지만 일부 프로그램은 뉴욕 캠퍼스에 모여서 짧은 대면 수업을 곁들인다.

AI 저널리즘 랩은 그동안 J+ 교육의 연장선에서 인공지능 시대에 맞는 뉴스룸 혁신을 이끌 리더를 육성하고, 그들의 프로젝트를 일대일로 멘토링해 뉴스룸의 성공을 지원하는 내용이다. J+는 또 2025년 3월부터 10월까지 6개월 과정으로 'AI 커뮤니티 인게이지먼트 랩'을 출범했다. 월슨패밀리재단의 후원을 받아 미국 및 푸에르토리코 등 미국령에서 일하는 기자 15~20명을 선발, 격주로 온라인 수업을 진행하고 개별 프로젝트를 통해 AI를 활용해 독자의 참여를 끌어내는 뉴스룸을 육성한다(Craig Newmark Graduate School of Journalism, n.d.-b).

## 참고문헌


오세욱(2024). 해외 언론의 생성 AI 활용 사례와 시사점. 미디어 정책 리포트, 2024(6). 한국언론진흥재단. https://www.kpf.or.kr/front/research/policyDetail.do?miv_pageNo=&miv_pageSize=&total_cnt=&LISTOP=&mode=W&seq=598737&link_g_topmenu_id=&link_g_submenu_id=&link_g_homepage=F&reg_stadt=&reg_enddt=&searchkey=all1&searchtxt=

최승영(2024.12.21). 세계 언론, AI 뉴스룸 도입에 박차…'전략'이 필요하다. ≪기자협회보≫.

Craig Newmark Graduate School of Journalism(2025.1.8). 23 News Leaders Chosen for AI Journalism Lab: Leadership Cohort. https://www.journalism.cuny.edu/2025/01/23-news-leaders-chosen-for-ai-journalism-lab-leadership-cohort/

Craig Newmark Graduate School of Journalism(n.d.-a). About us. https://www.journalism.cuny.edu/about-us/

Craig Newmark Graduate School of Journalism(n.d.-b). AI Community Engagement Lab. https://www.journalism.cuny.edu/j-plus/ai-community-e

ngagement-lab/
Craig Newmark Graduate School of Journalism(n.d.-c). Centers. https://www.journalism.cuny.edu/centers/
Craig Newmark Graduate School of Journalism(n.d.-d). J+. https://www.journalism.cuny.edu/j-plus/

## 07
# 생성형 언어 모델의 환각과 기자

"챗지피티는 완전히 지어낸 정보를 사실인 양 자신 있게 단언할 수 있습니다." 챗지피티 개발사인 오픈AI의 CEO 샘 올트먼이 직접 밝힌 챗봇의 한계다. 허위 사실의 생산과 유포를 막고, 정확한 뉴스를 공공에 제공할 사회적 책무가 있는 언론의 역할과 대척점에 서 있는 AI의 한계, 바로 '환각'이다. 거짓을 사실로 둔갑하는 AI의 환각을 언론사는 어떻게 해결할 수 있을까.

AI와 윤동주?

2024년 2월, AI 챗봇을 고객 응대에 사용하고 있는 기업들을 긴장하게 만든 사건이 발생했다. 에어캐나다의 챗봇 서비스가 할머니를 잃은 승객에게 '가족 구성원의 사망으로 여행이 필요한 경우 애도 요금을 할인해 주며, 이미 여행이 끝난 항공권도 환불 처리를 통해 할인해 준다.'는 잘못된 정보를 제공한 것이다. 에어캐나다는 애도 요금 할인은 제공하지만, 여행이 완료된 티켓에 대해 할인을 소급 적용하지는 않는다. 해당 사건은 소송으로 번졌고, 패소한 에어캐나다는 승객에게 812달러를 보상해야 했다(Cerullo, 2024).

## 사실보다 추론에 집중한 챗지피티

챗지피티를 비롯한 구글의 제미나이(Gemini), 앤트로픽의 클로드(Claude) 등 챗봇들은 대형 언어 모델(LLMs, Large Language Models)이라는 기술을 기반으로 한다. 이 언어 모델은 인터넷에 존재하는 방대한 양의 텍스트 데이터를 학습해 한 단어 뒤에 어떤 단어가 오는 것이 확률적으로 더 높은지를 판단한다. 예컨대 "한국의 수도는 ○○○"라는 문장에서 빈칸에 '서울이다'라는 단어를 떠올리는 것이다. 챗봇의 학습 데이터는 온라인에 돌아다니는 모든 텍스트가 대상이기 때문에, 챗봇은 온라인상의 허위 정보를 확대 재생산하거나 허위 사실을 직접 그럴싸한 언어로 만들어 내기도 한다. 국내에서 가장 유명했던 챗지피티의 환각 사례는 '세종대왕 맥북 프로 던짐 사건'이다. 2023년 한 이용자가 챗지피티에 '조선왕조실록에 기록된 세종대왕의 맥북 프로 던짐 사건에 대해 알려줘'라고 질문하자 챗지피티는 '세종대왕의 맥북 프로 던짐 사건은 역사 서적인 조선왕조실록에 기록된 일화로, 15세기 조선 시대 세종대왕이 새로 개발한 훈민정음(한글)의 초고를 작성하던 중, 문서 작성 중단에 대한 담당자에게 분노하여 맥북 프로와 함께 그를 방으로 던진 사건입니다'라고 답변했다(김도형, 2023).

이처럼 챗지피티가 이용자가 유도하는 데 따라 허위 사실을 진짜로 둔갑하는 이유는 챗지피티의 목적이 추론 능력에 맞춰져 있기 때문이다. 챗지피티 개발사인 오픈AI의 CEO 샘 올트먼(Sam Altman)은 2023년 3월 GPT4를 출시하면서 "제가 가장 주의하라고 경고하는 것은 우리가 '환각 문제(Hallucination Problem)'라 부르는 것이다. 모델이 완전히 지어낸 정보를 사실인 것처럼 자신 있게 단언할 수 있다"라면서 "이 모델을 사실 데이터베이스(Fact database)가 아닌, 추론 엔진(Reasoning engine)이라고 바라보는 것이 정확하다. 사실 데이터베이스는 챗지피티의 강점이 아니다. 우리가 이 모델에 바라는 건 암기가 아닌, 추론 능력이다"라고 밝힌 바 있다. ≪뉴욕타임스≫는 2023년 4월 보도한 'In A.I. race, Microsoft and Google choose speed over caution'이란 제목의 기사에서 구글의 제품 리뷰 담당자 두 명이 자사 AI 챗봇의 환각 및 부정확하고 위험한 발언에 대한 우려로 서비스 출시를 잠정 중단해야 한다고 주장했다는 내용을 보도했다(Grant & Weise, 2023).

## 환각, 언론사에 어떤 영향을 미치나

이러한 환각은 언론사에도 직간접적인 영향을 준다. 직접적인 영향은 언론사가 AI를 활용해 생산하는 뉴스에서 환각이 발생하는 경우다. 기사 요약, 번역, 녹취 풀기, 제목 생성 등에서 오류가 발생하는 경우가 그 예다. 해외는 물론 한국에서도 많은 언론사가 AI를 기사 작성에 활용하고 있고, 그 범위가 단순 보도 자료 인용 수준을 넘어가면서 환각에 의한 허위 정보 및 가짜 뉴스 확산의 위험성은 점차 커지고 있다. ≪조선일보≫는 자사 기사 5만 건을 학습시켜서 만든 AI 어시스턴트로 보도 자료를 기사화하는 기술을 개발했다. ≪뉴욕타임스≫, AP, ≪워싱턴포스트≫, ≪가디언≫ 등 세계 유수 언론들 역시 소셜 미디어용 요약 기사나 제목 생성에 AI를 활용하고 있다.

2023년 말 미국 뉴스 앱 '뉴스 브레이크'는 크리스마스 때 뉴저지주의 한 마을에서 총격 사건이 일어나 마을 주민 한 명이 사망했다고 보도했다. 하지만 이는 AI가 만들어 낸 가짜 뉴스로 밝혀졌다(Niemietz, 2023). 뉴저지주 경찰은 그들의 페이스북 페이지에 "뉴스와 같은 사건이나 이와 비슷한 사건조차 일어난 적이 없다"고 밝혔다. 이후 해당 기사는 삭제됐다. 미국 IT 전문 매체 ≪시넷(CNET)≫은 2023년 초 AI 도구를 활용해 작성한 기사 77건 중 41건에 오류가 발견되면서 비판의 중심에 섰다(Sato & Roth, 2023). 41건의 기사 중에서는 '1만 달러의 예금이 3%의 이자를 받을 경우 첫해에 1만300 달러를 벌게 된다.'는 단순 계산 오류 사례도 있었다. 실제로는 해당 예금이 첫해에 벌게 되는 금액은 300달러에 불과하다.

더 큰 문제는 챗봇을 개발하는 기술 기업들조차 환각이 왜 발생하는지, 해결책은 무엇인지 알지 못한다는 것이다. 과학자들은 환각 해결 방법에 대한 연구 결과들을 내놓고 있다. 최근에는 LLM이 생성해 낸 답변을 또 다른 LLM이 평가해 환각을 잡아내도록 하는 방법이 네이처지에 실려 주목 받았다. 2024년 6월 서배스천 파쿼 영국 옥스퍼드대 컴퓨터과학과 연구원팀은 LLM에 정보가 부족할 때 부정확한 내용을 지어내는 환각의 한 유형인 '작화증(Confabulation)'을 감지하는 AI를 개발했다고 네이처지에 게재했다(이병구, 2024). LLM이 내놓은 답변이 정답이 되는 질문지 여러 개를 생성해, 그 질문에 대해 가능한 답변을 여러 개 만든다. 그 답변 목록 중 처음 LLM이 내놓은 답변이 포함된 동일한 답변 그룹이 나올 확률이 얼마나 되는지 비교해 LLM의 답변이 얼마나 정확한지 파악하는 식이다.

세계 언론사들 역시 AI를 활용해 생산하는 콘텐츠에서 환각이 발생할 가능성을 줄이기 위해 여러 시도를 하고 있다. 독일 뮌헨에 본사를 둔 바이에른 방송(Bayerischer Rundfunk)의 AI + Automation Lab은 AI 생성 요약이 원문과 일치하는지를 확인하는 도구인 세컨드 오피니언(Second Opinion)을 개발했다. 이 도구는 요약본과 원문을 비교해 일치하지 않는 부분을 강조하고, 그 이유를 설명하는 방법을 통해 잠재적인 오류를 감지하도록 돕는다(Bayerischer Rundfunk, n.d.).

### 뉴스 학습한 챗봇, 네이버·구글 대체할까

환각이 LLM의 큰 문제점으로 비판받자, 언론사들은 자체적으로 이를 해결할 방안을 내놓고 있다.

가장 주목 받고 있는 기술은 파인 튜닝(Fine-tuning)이다. 생성형 AI의 기반이 되는 파운데이셔널 LLM은 온라인상에 존재하는 모든 데이터들을 학습한, 말 그대로 '일반적인(General)' 목적의 모델이다. (챗지피티의 G는 일반적이라는 뜻의 General이다). 파운데이셔널 LLM은 일반적인 대화가 목적인 만큼 전문성과 정확성은 떨어진다는 한계가 있다. 해당 데이터가 학습되지 않았는데도, 잘못된 정보를 그럴듯하게 꾸며내 답하는 환각의 문제가 여기서 발생한다. 이 모델을 특정 분야의 데이터로 세분화해 학습시키는 파인 튜닝을 통해 모델의 성능을 크게 향상하고 환각을 줄일 수 있다.

언론사는 파인 튜닝을 거친 챗봇 서비스를 내놓고 있다. 영국 경제지 ≪파이낸셜타임스(FT)≫는 2024년 3월 독자를 대상으로 챗봇 서비스 '애스크FT(AskFT)'를 선보였다. 앤트로픽이 개발한 LLM인 클로드(Claude)를 사용했다. 클로드에 FT의 지난 20년간 기사를 학습시켜 독자의 질문에 답하도록 했다. 신문의 최고 제품 책임자(CPO) 린지 제인(Lindsey Jayne)은 "우리가 사용하는 대형 언어 모델은 현재 클로드지만 이는 언제든 바뀔 수 있다. 우리의 필요에 무엇이 가장 잘 맞을지 모델에 관계없이 적용 가능한(Model agnostic) 방식으로 접근하고 있다"라고 설명했다.

영국 일간지 ≪가디언≫ 역시 클로드를 파인 튜닝한 챗봇 '애스크 더 가디언(Ask The Guardian)'을 개발 중이다. 독자에게 답변을 내놓을 때도 자사 기사를 참고하도록 모델을 학습시켰다. 답변의 정확도를 높일 수 있고, 저작권 침해 등 법적 문제에서 자유로울 수 있다.

≪워싱턴포스트(WP)≫는 2024년 11월 생성형 AI 기반의 기술 '애스크 더 포스트(Ask The Post) AI'를 선보인다고 밝혔다. 해당 챗봇은 WP의 2016년 이후 뉴스 기사를 활용하며, 관련성 기준으로 결과를 정렬한다. 답변의 신뢰도를 유지하기 위해 특정 질문에 적합한 기사를 찾지 못할 경우(관련 기사가 있더라도 점수가 기준치에 미치지 못할 경우도 포함) 답변이 제공되지 않는다.

WP의 최고기술책임자(CTO) 비닛 코슬라(Vineet Khosla)는 "이는 새로운 세대의 독자들과 관계를 구축하는 다음 단계"라며 "변화된 검색 환경에 대응하기 위해 우리가 적시에 독자들을 만나야 하며, 그들이 원하는 방식, 시간, 장소에 맞춰 사용자 경험을 제공해야 한다"라고 밝혔다(The Washington Post, 2024).

LLM을 더욱 세분화된 주제에 맞춰 파인 튜닝한 사례도 있다. ≪샌프란시스코크로니클(San Francisco Chronicle)≫은 2024 미국 대선 기간에 독자들이 대선 후보인 카멀라 해리스(Kamala Harris)에 대해 궁금한 점을 물어보면 1995년 이후 자사 기자들이 작성한 수천 개의 기사에서 정보를 추출해 답변을 해주는 챗봇 '카멀라 해리스 뉴스 어시스턴트(Kamala Harris News Assistant)'를 개발했다. 신문이 도널드 트럼프(Donald Trump)가 아닌 카멀라 해리스 당시 부통령에 초점을 맞춘 이유는 그녀가 2002년부터 2011년까지 샌프란시스코 지방 검사를 지낸 것을 비롯해 '이스트 베이(East Bay, 샌프란시스코 베이의 동부 지역)'를 중심으로 활동했기 때문이다. 해당 모델 개발을 맡은 허스트 데브허브(Hearst DevHub)의 부국장인 라이언 세르피코(Ryan Serpico)는 2024년 10월 세계 최대 디지털 저널리스트 협회인 온라인 뉴스 협회(ONA, Online News Association)가 개최한 화상 세미나에서 "≪샌프란시스코크로니클≫은 카멀라 해리스의 초년 시절 활동부터 부통령 시절까지의 방대한 자료를 축적해 왔다. 1995년 이후 생산한 3500여 개의 기사에 더해, 새롭게 발행되는 기사는 매 시간마다 추가했다"

고 설명했다(San Francisco Chronicle, 2024).

≪워싱턴포스트≫는 기후와 환경 분야에 특화된 챗봇 '클라이밋 앤서(Climate Answers)'를 서비스하고 있다. ≪워싱턴포스트≫가 지난 8년간 생산한 환경 관련 기사들을 학습시켜 독자의 질문에 대해 챗봇이 답변하는 식이다(The Washington Post, 2024).

국내 언론도 파인 튜닝 챗봇 시장에 뛰어들었다. ≪동아일보≫ 미래전략연구소와 빅데이터 전문기업 빅스터는 경제 분야에 특화된 AI 챗봇 'AskBiz(가칭)'를 개발 중이다. 이 챗봇에 ≪동아비즈니스리뷰(DBR)≫, ≪하버드비즈니스리뷰(HBR)코리아≫ 등 동아미디어 그룹의 경제 및 경영 전문 콘텐츠, 박영사 서적 데이터 등을 학습시켰다. 예컨대 "오너 리스크의 대표 사례를 정리해줘"라고 질문하면 학습된 데이터를 기반으로 독자들의 질문에 답변을 내놓는 방식이다. ≪동아일보≫는 "DBR의 프리미엄 기사 1만5000건과 박영사가 출간한 경영학 및 경제학 교과서 11종을 학습시켰다"라고 밝혔다.

DBR의 기사를 기반으로 AskBiz를 개발하고 있는 ≪동아일보≫는 2024년 9월 30일 열린 '생성형 AI와 뉴스룸 혁신: 한국 언론의 채택 현황과 활용 전략' 세미나에서 "개별 언론사가 독자와 거리를 좁히고 직접 소통이 가능한 접점을 찾아내지 못하면 AI 빅테크가 그 일을 대신할 것이기 때문에, 개별 언론사가 콘텐츠 프로바이더 또는 데이터 프로바이더에 그치지 않도록 내부적 기술 노하우 축적과 지속적인 개발의 필요성이 있다"고 밝혔다.

## ≪르몽드≫ · 로이터 학습한 챗지피티 서치

기술 기업들도 환각에 대한 해결책으로 정확도를 높인 검색 엔진 서비스를 별도로 선보이고 있다. 챗지피티 개발사인 오픈AI는 서치지피티라는 베타 버전을 거쳐 2024년 10월 31일 '챗지피티 서치'라는 서비스를 내놨다. 이는 챗지피티-4o의 파인 튜닝 버전으로, 오픈AI와 파트너십을 맺은 글로벌 매체들의 뉴스를 제공 받아 이용자의 질문에 답변할 수 있도록 했다. AP, ≪파이낸셜타임스≫, ≪르몽드≫, 로이터, ≪타임≫, ≪디 애틀랜틱≫ 등이 포함됐다(윤민혁, 2024). 예컨대 이용자가 '도널드 트럼프의 대통령 취임 날짜를 알려줘'라고 질문하면 챗지피티가 답변을 내놓은 뒤, 답변 뒤에 해당 정보가 포함된 로이터, AP 등의 뉴스 기사 링크를 붙여 주는 식이다. 원하는 정보가 해당 기사에 포함돼 있지 않은 경우, 다른 출처를 제공해 달라고 요청할 수도 있다. 검색형 AI인 유닷컴(You.com), 퍼플렉시티(Perplexity), 구버

(Goover) 등도 향후 더 많은 활용이 예측된다.

파인 튜닝된 챗봇이 검색 엔진으로서 가지는 강점은 정확성이다. 특히 여러 단계의 팩트 체크를 거치는 언론사의 기사를 학습한 언론사 챗봇은 정확한 정보를 제공하는 측면에서 엄청난 우위를 가질 수 있다. 답변의 신뢰를 높이기 위해 언론사들은 챗봇의 답변과 연관된 자사 기사의 하이퍼링크를 함께 제공하기도 한다. 세르피코는 "답변과 연관된 기사의 하이퍼링크도 함께 제공하기 때문에 독자가 얻는 답변의 출처가 명확하고, 이는 오정보(misinformation)가 제공될 가능성을 차단한다"고 설명했다.

AI 기술의 가장 큰 한계로 지적되는 환각은 언론사에 위협 요인이기도 하지만, 반대로 기회이기도 하다. 언론사는 여러 단계의 엄격한 팩트 체크를 거쳐 생산된 기사 아카이브라는, 기술 기업이 가지지 못한 경쟁 우위가 있다. 이 데이터를 제대로 학습시킨다면 언론사가 개발하는 파인 튜닝 챗봇이 검색 엔진 역할을 대체할 수도 있다. AI가 생성하는 허위 정보와 콘텐츠의 홍수 속에서 언론사가 사용자들이 정확한 정보를 얻을 수 있는 대안을 마련하는 역할을 하길 기대한다.

## 참고문헌


김도형(2023.2.23). “세종대왕 맥북 던짐 사건 알려줘” 물었더니... 챗지피티의 엉뚱 답변 ‘밈’으로 유행 중. ≪한국일보≫. https://www.hankookilbo.com/News/Read/A2023022215200000727

윤민혁(2024.11.1). 오픈AI·MS, '챗지피티 서치'로 구글 검색 패권에 도전장. ≪서울경제≫. https://www.sedaily.com/NewsView/2DGOCGY33I

이병구(2024.10.25). AI가 만든 텍스트 식별·추적하는 워터마크...AI 악용한 허위정보 구분 길 열릴까. ≪동아사이언스≫. https://www.dongascience.com/news.php?idx=68081

Bayerischer Rundfunk(n.d.). Second opinion demo. https://interaktiv.br.de/second-opinion-demo/index.html

Cerullo, M.(2024.2.19). Air Canada chatbot costs airline discount it wrongly offered customer. *CBS News.* https://www.cbsnews.com/news/aircanada-chatbot-discount-customer/

Financial Times(2024.3.25). Financial Times launches first generative AI tool. *Financial Times.* https://aboutus.ft.com/press_release/financial-times-launches-first-generative-ai-tool

Grant, N. & Weise, K.(2023.4.7). In A.I. race, Microsoft and Google choose speed over caution. *The New York Times.* https://www.nytimes.com/2023/04/07/technology/ai-chatbots-google-microsoft.html

Helmore, E.(2023.3.17). ‘We are a little bit scared’: OpenAI CEO warns of risks of artificial intelligence. *The Guardian.* https://www.theguardian.com/technology/2023/mar/17/o

penai-sam-altman-artificial-intelligence-warning-gpt4

Niemietz, B.(2023.12.27). New Jersey police tell public to ignore AI-generated story about Christmas shooting that never happened. *New York Daily News.* https://www.nydailynews.com/2023/12/27/fake-shooting-ai-generated-story-new-jersey/

San Francisco Chronicle(2024.9.25). SF Chronicle publishes Kamala Harris news. *San Francisco Chronicle.* https://www.sfchronicle.com/about/newsroomnews/article/sfchronicle-publishes-kamala-harris-news-19791035.php

Sato, M. & Roth, E.(2023.1.26). CNET's AI-written stories were full of errors. *The Verge.* https://www.theverge.com/2023/1/25/23571082/cnet-ai-written-stories-errors-corrections-red-ventures

The Washington Post(2024.11.7). Washington Post launches Ask Post AI: A new search experience. *The Washington Post.* https://www.washingtonpost.com/pr/2024/11/07/washington-post-launches-ask-post-ai-new-search-experience/

**08**

# 한국 언론의 AI 활용 현황

2025년 국내 주요 신문 53곳 중 AI를 신년사 키워드로 내세운 곳은 13곳이다. 업무 혁신, 콘텐츠 혁신, 수익 다각화 등의 목표를 향해 각 언론사는 AI 전략을 세우고 있다. 보도 자료를 입력하면 자사 기사 형태로 배출하는 것에서 시작해, 이제는 AI가 팩트 체크, 교열, 검색 등으로 확대 적용되고 있다. 하지만 일각에서는 AI로 언론의 뉴스 생산 권력 위기를 점치기도 한다.

AI와 한의학?

한국신문협회(2025)가 2025년 1월 16일 발간한 ≪신문협회보≫ 톱 기사에 따르면 신문 협회 회원사 중 AI를 올해 신년사 주요 키워드로 내세운 곳은 13곳(≪동아일보≫, ≪서울신문≫, ≪세계일보≫, ≪조선일보≫, ≪중앙일보≫, ≪한국일보≫, ≪매일경제≫, ≪서울경제≫, ≪전자신문≫, 헤럴드, ≪경북도민일보≫, ≪영남일보≫, 연합뉴스)으로 파악된다. 협회보는 생성형 AI를 저널리즘 가치, 혁신, 내실, 성장, 전문화, 플랫폼 확장과 더불어 올해 회원사 신년사의 주요 키워드로 파악했다. 신문 협회 회원사는 서울 지역 27곳, 지역 26곳 등 총 53개사다.

≪신문협회보≫에 나온 회원사들의 AI 키워드를 크게 나누면 업무 혁신, 콘텐츠 혁신, 수익원 다각화 등으로 나눌 수 있겠다. 업무 혁신을 통해 비용과 인원을 효율적으로 활용하고, 핵심 역량을 신사업이나 콘텐츠 강화에 쓰겠다는 것이 하나다. 다른 하나는 AI를 통해 새로운 서비스와 콘텐츠를 만들어 내겠다는 것이다. 끝으로 이들 신규 서비스와 콘텐츠를 통해 수익을 다각화하고, 광고 및 협찬 일변도의 수익 구조를 바꿔 보겠다는 계획으로 풀이된다.

콘텐츠 혁신은 언론사들이 AI를 통해 이뤄 내려는 주

된 목표 중 하나다. 국내 최대 신문사인 ≪조선일보≫는 사보를 통해 AI 기술 개발과 이를 통한 편집국 혁신을 천명했다. ≪조선일보≫는 2025년 2월 들어 AI 교열기를 전면 도입했다. 현재 사용 중인 ≪워싱턴포스트≫의 아크 퍼블리싱 콘텐츠 매니지먼트 시스템(CMS 기사 단말기)에 오자나 표현 등을 가다듬을 수 있는 AI 기반 교열기를 장착하는 것이다. ≪조선일보≫의 AI 교열기는 네이버 출신 스타 개발자 김성훈, 이활석, 박은정 등이 창업한 AI 기업 업스테이지와 공동 개발해 진행했다.

양사는 2024년 8월부터 업스테이지의 한국어 기반 거대 언어 모델(LLM) '솔라'에 ≪조선일보≫의 교열 전후 기사 수만 건과 한글 맞춤법, 용례를 학습시켰다. 회사 측은 정확도를 95% 이상으로 오탈자를 잡아내고 최적의 수정안을 제시한다고 강조했다. ≪조선일보≫는 2025년 자사 기사를 영문과 일문으로 번역하는 '번역 AI'를 출시하는 한편 7월에 검색 AI, 하반기 중 팩트 체크 AI, 연말에 기사 생성 AI를 출시한다고 밝혔다. 더 나아가 기사 생성 AI를 글쓰기가 필요한 모든 이를 위한 글쓰기 AI로 키운다는 것이 회사 측 청사진이다. 회사 측은 "≪조선일보≫ 역사에서 '미디어 AI 시대'가 열리는 것"이라고 자평했다(김강한, 2025; ≪조선일보≫, 2025).

## AI 통해 수익 다각화 모색

≪신문협회보≫에 소개된 소속사 중에서 AI를 통해 수익성 다각화를 천명한 곳도 적지 않다. 전자 신문은 AI 기술을 활용한 영상 서비스, 기업 데이터 기반 구독 모델 개발 등 새로운 성장 동력을 발굴하며 지속 가능한 성장을 도모한다고 강조했다. 또 ≪코리아타임스≫도 콘텐츠 전문성을 강화하고 AI를 활용해 변화에 대응하는 한편, 데이터 기반 맞춤 서비스와 글로벌 수익원 확보를 추진하기로 했다(한국신문협회, 2025).

≪조선일보≫는 AI 교열기를 2025년 상반기 중 상용 서비스로 출시하고, 출판사와 정부 부처, 공공 기관, 기업 등을 대상으로 사용에 들어갈 전망이다. 또한 회사 측이 추후 출시 예정인 글쓰기 AI나 번역 AI 역시 수익 다각화 전략의 포트폴리오가 될 것으로 보인다(≪조선일보≫, 2025).

하지만 AI가 도입되고 기사를 기계로 작성할 수 있는 시대라고 해서 특종이나 독보적인 저널리즘, 콘텐츠의 가치 등 저널리즘의 기본 원칙이 달라지는 것은 아니다. 오히려 수많은 천편일률성 AI 기사가 쏟아지는 가운데 오직 인간 기자만이 생각할 수 있는 탁월한 저널리즘의 가치는 더욱 빛을 발할 가능성이 높다.

≪동아일보≫의 신년사에서 "경이로운 진화를 위한 용감한 도전"이 키워드가 나온 것도 같은 맥락이 아닐 수 없다. ≪기자협회보≫(2025)에 따르면, ≪동아일보≫는 AI 등 기술의 발달로 앞으로 언론사나 교육 기관이 해 온 일의 상당 부분이 기술로 대체할 수 있는 것으로 판단했다. 이에 따라 언론사는 생존에 영향을 줄 수 있는 변혁이 요구되며, ≪동아일보≫는 자사 내에서 AI로 대체할 수 있는 것은 대체하고, AI가 대체할 수 없는 독보적 콘텐츠와 서비스 등에 사내 역량을 집중하겠다는 이야기다.

이 가운데 인공지능 시대에 자칫 무분별한 이용으로 흐를 수 있는 것을 경계하고, 저널리즘적 가치를 유지하는 자체 준칙 마련을 강조한 언론사도 있다. ≪세계일보≫가 그 예다. 신문은 신년사에서 "생성형 AI 기술과 뉴스의 만남은 언론 산업에 많은 변화를 불러올 것"이라며 "탄핵 정국으로 잠시 논의가 중단됐지만 태스크포스팀 구성을 통해 ≪세계일보≫ AI 준칙을 마련하고 콘텐츠 활용 폭을 넓히는 방안을 강구해 나가겠다"는 입장이다.

지상파 방송 3사 중에서는 KBS만이 박장범 사장의 신년사에서 "제작 현장에 AI 기술을 접목하는 다양한 시도와 경험을 통해 콘텐츠 생산성과 질을 함께 높이겠다"고 언급했다. MBC는 신년사에서 AI 관련 언급이 없었다. SBS는 ≪기자협회보≫ 등에 신년사를 공개하지 않고 보도 자료만 제공했으며, 해당 자료에는 AI 관련 언급은 없었다(한국기자협회, 2025).

## 이번에도 실패할 것인가

일부 언론사를 제외하고 상당수 언론사의 AI를 포함한 디지털 전략은 다소 미적지근한 것이 사실이다. 한국 언론사들이 디지털화에 미지근한 반응인 데는 다 맥락이 있다. 배정근(2025)은 "한국 언론은 20세기 말 인터넷 등장이라는 미디어 환경 변화에 제대로 대처하지 못해 지금까지도 '고난의 행군'을 이어가고 있다"라고 진단했다. 그는 ▶ 미디어 기술에 대한 경시 ▶ 종이 신문에 대한 집착 ▶ 대기업 광고에 대한 과도한 의존이 발목을 잡았다고 진단했다. 상술하자면, 이는 네이버와 다음 등 포털 권력이 등장하던 2000년대 언론사들은 디지털 수익이 미미하다는 생각에 온라인 콘텐츠를 헐값에 넘겨줬고, 딱 10년 만에 전 국민이 모바일 네이버 애플리케이션 하나로 뉴스를 보는 시대가 됐다. 이후 언론사는 포털의 눈치를 볼 수밖에 없게 됐고, 그 대표적인 예시가 정치권의

난타를 받았던 포털 뉴스제휴평가위원회였다. "네이버 벌점에 언론사가 퇴출당할 수 있다"라는 패러다임은 1980~1990년대에 입사해 한국 언론의 재정적 황금기를 누렸던 고참 기자들에게는 결코 받아들일 수 없는 '갑질'이 아닐 수 없다. 게다가 여전히 대기업에서는 예년과 비슷하거나 약간 줄어든 수준의 광고를 지면용으로 집행해 왔고, 그것이 오늘날 한국 언론의 혁신을 가로막는 이유라는 풀이다.

챗지피티와 제미나이, 코파일럿 등 생성형 AI를 필두로 하는, AI 기술의 등장을 바라보는 한국 언론의 대응을 연구할 때도 위와 같은 포털 시스템의 '악몽'을 떠올리지 않을 수 없다. 김위근(2025)은 "포털 사이트의 등장으로 신문 업계는 뉴스 유통 권력을 잃었다"라면서 "이제는 뉴스 생산 권력조차 위험하다"라고 지적했다. 신문이 생산한 뉴스 대신 AI의 실시간 검색을 보는 시대가 올 것이라는 이야기다. 홍성철(2025)이 지적한 대로, AI로 종이 뉴스 제작 인력을 줄여서 디지털 뉴스 제작에 투입하고 양질의 디지털 뉴스를 생산해야 미래 독자를 확보할 수 있다. "하루에 5~10건이라도 양질의 디지털 뉴스가 생산되어야 한다"라는 기자 출신 학자 홍성철의 외침에 슬픈 마음이 드는 건 한두 명의 일선 기자가 아닐 것이다.

## 참고문헌

김강한(2025.1.3). "오직 '팩트 퍼스트'로 흔들림 없이 중심 잡아야". ≪조선일보≫ 사보.

김위근(2025.1.1). 뉴스 생산 권력이 위협받을 2025년. ≪신문협회보≫.

배정근(2025.1.1). 생성형 AI는 기회이자 위협. ≪신문협회보≫.

조선일보(2025.2.3). 팩트 체크부터 검색·교열까지…AI 미디어 시대 연다. ≪조선일보≫. https://www.chosun.com/special/announcement/2025/02/03/6EOWLRCZPRCTZBK2BI2NXJVXKM/

홍성철(2025.1.1). 페이퍼퍼스트 넘어 온라인퍼스트 전략 추구해야. ≪신문협회보≫.

한국기자협회(2025.1.2). "넓게 울려 퍼지는 사실의 가치, 압도적 감탄 콘텐츠 집중해야". ≪기자협회보≫. https://www.journalist.or.kr/news/article.html?no=57502

한국기자협회(2025.1.2). "공사 분별하고 서로 존중하는 조직문화 만들어 나가자". ≪기자협회보≫. https://www.journalist.or.kr/news/article.html?no=57499

한국기자협회(2025.1.2). "앞장서서 공영방송 독립 지키는 굳건한 리더십 구축". ≪기자협회보≫. https://www.journalist.or.kr/news/article.html?no=57485

한국기자협회(2025.1.2). "수익성 극대화 위해 선택과 집중… 성과관리도 개편". ≪기자협회보≫. https://www.journalist.or.kr/news/article.html?no=57488

한국기자협회(2025.1.2). "MBC 5년 연속 흑자행진... 6년 연속 흑자도 반드시 이뤄낼 것". ≪기자협회보≫. https://www.journalist.or.kr/news/article.html?no=57482

한국신문협회(2025.1.1). 미디어 전문가가 꼽은 '2025년 저널리즘 전망'. ≪신문협회보≫.
한국신문협회(2025.1.16). 혁신차별화로 지속가능한 성장 동력 확보. ≪신문협회보≫.

09

# 기자들이 예측하는 AI와 기자

현장 언론인들은 AI와 기자의 미래에 대해 어떻게 생각할까. 기사 작성까지 뚝딱 해 주는 인공지능 시대에 대해서는 아직 비판적인 분위기다. 교열에서 기사 작성, 팩트 체크, 취재 지원에 이르기까지 이미 AI는 취재와 제작 현장에 깊숙하게 들어와 있다. 하지만 가치 판단은 인간의 영역이라는 것에는 이견이 없었다.

AI와 화장품?

"최근 최상목 대통령 권한대행이 특검 법안에 대해 거부권을 행사했죠. 이와 관련해 시사 평론가를 초대해 토론하고 있었어요. 그런데 객석이나 유튜브 중계 채팅창에서 질문이 들어와요. 새로운 팩트나 해외 사례 등을 언급하면서 말이죠. 그동안은 이럴 때 제작진 중 한두 명이 인터넷에서 검색해 결과를 채팅창에 뿌려 주거나 진행자인 저에게 화면이나 프린트물로 전달해 주면 제가 소개하고는 했어요. 하지만 AI가 도입된다면 이 과정은 생략될 수 있겠죠. '실시간 팩트체크' 같이 관련 기사나 사실 여부를 읽어서 공유해 주는 것은 AI가 하고, 저와 제작진, 초대 패널은 더 깊이 있는 토론에 집중할 수 있겠죠."

언론계와 정치권에서 관심을 모으고 있는 경향신문의 간판 시사 평론 유튜브 프로그램 '구교형의 정치비상구'를 진행하는 ≪경향신문≫ 구교형 기자가 예측한 시사 프로그램과 AI의 접목 시나리오다. 구 기자는 필자와 인터뷰에서 법조와 정치, 산업 등에서 다양한 커리어를 쌓아온 정통 스트레이트형 기자로 꼽힌다. 구 기자는 "AI를 잘 활용하면 더 수준 높은 저널리즘을 구현할 수 있다"면서 "시사 토론 프로그램도 더 능동적, 실시간, 쌍방향으로 발전할 수 있을 것"이라고 전망했다.

## AI는 이런 기사를 잘 쓴다

집필 과정에서 한 현업자 출신 AI 전문가로부터 의미 있는 인사이트를 들을 수 있었다. 안중현 ≪조선일보≫ 경영기획본부 기자다. 사내외에서는 AI 전략에 정통한 기자라는 평가를 받고 있다. 한국언론진흥재단이 2024년 '저널리즘, AI를 품다'라는 주제로 진행한 '2024 KPF 저널리즘 콘퍼런스'에 연사로 초청되기도 했다. AI에 ≪조선일보≫ 기사를 학습시키고 그 결과물을 매일 테스트해 보는 것도 그의 일과다.

2025년 1월 초 ≪조선일보≫사 1층 라운지 '조이'에서 만난 안 기자는 워딩 기사, 판결문 기사, 원고지 기준 5매 이하 스트레이트 등의 포맷에서 AI가 실력 발휘를 잘한다고 지적했다. 워딩 기사와 5매 스트레이트의 경우 포맷을 익히면 작성이 패턴화되어 있다는 점에서 이해가 가지만, 만연체에다 법적 용어가 가득한 판결문 기사를 AI가 잘 쓴다는 점은 새롭다.

> "AI가 생각보다 사실 관계 파악을 잘해요. 수백 장에 달하는 판결문 속에서도 핵심 쟁점이 되는 사실 관계만을 뽑아서 재구성하는데, 법조 기자를 해 본 제가 봐도 구성력이 뛰어납니다. 다만 아직은 판결문이 너무 길면 한계가 있습니다.

테스트 결과 A4 용지 10페이지 이하의 판결문을 바탕으로는 AI가 기사를 잘 쓰고 있고요. 다만, 사생활 보호를 위해 법원에서 판결문에 나오는 실명을 ○○○, △△△ 같이 특정 기호로 바꿔서 언론에 제공하는데, 이때 팩트를 헷갈리는 문제가 있어요. 하지만 이 역시도 개선될 수 있으리라 생각합니다."

안 기자에 따르면, 소셜 미디어 계정이나 이메일 성명서 등으로 배포되는 정치인 워딩의 경우 기사화가 비교적 쉬운 편이라고 한다. 하지만 보도 자료의 경우에는 내용이 어떤 것인지에 따라 AI 기사 작성의 성패가 갈린다.

"미국은 보도 자료가 기사체, 소위 AP 스타일에 기반하고 간결하죠. 하지만 한국은 그렇지 않아요. 그림과 표가 가득하고, 무엇보다 hwp 포맷에 담겨 있죠. 내용이 매우 길어요. 단순 텍스트 보도 자료일 때와 그림이 가득한 hwp 파일 형태 보도 자료일 때는 AI 기사 퀄리티가 다를 수밖에 없습니다."

현재 기술에서 스케치성 기사는 AI가 잘하지 못하는 부분이라고 안 기자는 말했다. 재난 상황에서 처참한 광

경을 있는 그대로 독자에게 전달하거나, 파렴치범의 재판에서 날 선 꾸짖음을 내뱉는 판사의 분위기 등을 전달하는 것은 아직은 기자의 '글발'에 달린 셈이다.

AI를 활용하는 데 옛날 스타일의 편집국 문화는 또 다른 걸림돌이 될 수 있다. 안 기자는 "아침 발제문으로 AI가 기사를 잘 쓰려면 발제를 충실하게 쓰면 된다"면서도 "하지만 발제문을 더 자세히 쓰느니 직접 온라인용 기사를 써서 오전 중 송고하고 말겠다는 기자들을 어떻게 설득할 수 있겠는가?"라고 반문했다. 또한 내일 자 지면용 기획 기사를 AI가 발췌해 스트레이트로 온라인용 기사를 내는 것에 대해 인간 기자들이 얼마나 수긍할 수 있는지도 중요 포인트라고 안 기자는 지적했다.

또 한국 언론의 특성상 소위 '야마'를 잡아서 쓰는 것에 대해서는 AI가 따라가지 못하는 방향이 있다고 안 기자는 덧붙였다. 야마는 기사의 주제, 핵심, 방향, 논조 등을 두루 포괄하는 은어다. 야마 잡기 관행이 진실 추구라는 저널리즘의 기본 원칙을 훼손한다는 비판도 분명히 존재하지만, 야마를 잘 잡는 기자가 유능하다고 대접받기도 한다(박창섭 2012; 문현숙, 2012). 정치나 법조 기사에서 앞으로 '굴러가는' 방향을 기자의 촉으로 예상하고, 밝혀지지 않은 사실을 파헤치는 야마를 잡아 저돌적으로 작성하는 기사 작법은 아직 AI에 학습시키기에 한계가 있는 것이 사실이다. 기술의 문제보다 어떻게 AI를 학습시킬지를 한국 인간 기자들이 고안하지 못한 것으로 풀이된다. 야마를 잡는 것을 AI에 학습시키는 것이 윤리적인지에 대한 고민은 기자 자신의 몫이 될 것이다.

## 인간 기자는 팩트 천착 … 제작은 AI 손으로

팩트 체크는 뉴스룸 AI가 넘어야 할 산으로 꼽힌다. 아직은 온라인 검색과 현장 취재 등으로 인간의 손을 거쳐 팩트의 최종 확인을 하고 있지만, 이 과정이 온전히 자동화될 수 있다면 인간 기자는 상당한 노동의 자율성을 얻게 될 것이다.

하지만 팩트 체크에서는 어떤 기준으로, 어떤 소스를 가져와서 AI가 검증할 수 있을지가 관건이다. 또 어디까지 팩트 체크할 것인지, 어떻게 팩트 체크 기능을 구현할 것인지도 문제다. 2025년 1월 필자와 인터뷰한 이가혁 기자(JTBC 밀착취재부장)도 팩트 체크의 AI 접목에 관한 고민을 털어놓았다. 한국인 최초로 미국 포인터 재단 산하 국제팩트체킹네트워크(IFCN)에서 중견 인턴십(Professional Affiliation)을 거친 이 기자는 JTBC 뉴스룸의 간판 코너 '팩트체크'의 팀장으로 활약한 바 있다.

JTBC가 국내 첫 IFCN 인증을 받을 때도 실무를 담당했던 인물이다.

방송 제작 환경에서 AI는 텍스트 기사를 작성하는 것에서 더 나아가 완성된 리포트 영상 그 자체를 만드는 수준으로 갈 가능성이 높다. 이가혁 기자는 "앞으로의 제작 환경은 인간 기자가 온전히 독립된 언론인으로서 팩트에 천착하고 진실을 보도하는 데 집중될 것"이라며 "제작과 취재 보조는 상당 부분 AI로 대체될 수도 있을 것으로 본다" 고 말했다. 또 이 기자는 "AI를 전체 취재와 제작 과정에서 얼마나 큰 비중으로 도입할지 여부는 레거시 미디어와 뉴미디어 사이에서 차이가 클 것"이라며 "인력과 자본이 상대적으로 풍부한 레거시 미디어의 경우 제한적으로만 AI를 도입하면서 뉴미디어 언론의 AI 활용 양상을 충분히 지켜본 후 검증된 기술 위주로, 단계적으로 적용할 걸로 본다"고 전망했다.

하지만 AI 도입이 보편화된 상황이 도래하더라도 기자와 언론의 '기사 가치 판단'은 여전히 인간의 몫으로 남을 것이라고 이가혁 기자는 강조했다.

"손석희 전 JTBC 대표가 말했듯, 뉴스의 본질이라 할 수 있는 사실 · 공정 · 품위 · 팩트 같은 기본 가치는 여전히 인간 기자의 몫이 될 수밖에 없습니다. 아무리 AI가 거의 완벽한 수준으로 기사 제작을 하더라도 결국 그 결과물이 취재 현장에서 발굴한 사실 관계에 부합하는지, 작성된 콘텐츠에 포함된 어휘의 뉘앙스와 흐름이 과연 합리적인 뉴스 수용자에게 거부감이 없는지 등을 최종 평가하고 판단하고 수정하고 발행(온에어) 여부를 결정하는 건 인간 기자가 해야 할 일이기 때문입니다."

## 다소 보수적인 미국 뉴스룸 분위기

AI의 본고장 격인 미국에서는 AI가 기사를 작성하는 것 자체에 대해서는 상당히 보수적인 분위기다. 2024년 실제로 연례 미국탐사보도협회 총회(IRE)에서 만난 기자들도 AI가 기사를 직접 작성하는 것에 대해서는 신중한 입장을 보였다. 기술적으로는 영어가 한국어에 비해 AI 기술과 연구가 더 발전된 언어지만, 언론의 윤리성과 진실성 측면에서 AI 기사 작성을 허용하지 않는다는 입장이 많았다.

필자들이 만났던 저널리즘 교수진이나 IRE 임원들은 물론이고, 각종 행사에서 만났던 미국 기자 중 누구도 취재 과정에서 AI가 기사를 써 준다는 발상에 대해서는 언급조차 하지 않았다. 하지만 취재 현장에서는 AI가 이미

뉴스룸 현장을 매우 빠르게 파고들고 있다. 한 미국 탐사 보도 기자는 "나는 AI가 언론에 미치는 악영향이 많다고 생각해 개인적으로 좋아하지는 않는다"면서도 "정보 공개 청구를 위해 취재 메모를 정리하거나 녹취를 풀 때 등에는 AI의 성능이 매우 뛰어나다"라고 전했다.

마크 그린블래트 애리조나주립대 교수 역시 AI가 초년병 기자에게는 유용한 취재 툴(tool)이 될 것이라 지적했다. 그는 "우리는 챗지피티에 의존하는 것이 아니라 그것과 상호작용을 하는 것을 배우도록 가르친다"고 말했다. 또 그는 정보 공개 청구 과정에서 초년병 기자들이 노련한 변호사들과의 협의 및 공방을 거쳐 정보 공개 승인을 얻어내는 과정에서, 챗지피티가 주는 판례 및 정보는 큰 도움이 아닐 수 없다고 덧붙였다(Garcia, 2024).

하지만 기사 작성을 제외한 다양한 서비스에서는 미국 뉴스룸의 혁신이 폭발적으로 늘어날 전망이다. 읽는 뉴스에서 벗어나 대화할 수 있는 뉴스, 음성 내레이션을 제공하는 AI, 기자가 참여한 AI 툴 개발 등의 분야에서 다양한 시도가 진행 중이다(한국신문협회, 2025).

지역 신문 발행인 등을 역임한 35년차 저널리스트인 다이애나 푸엔테스 미국탐사보도협회(IRE) 사무총장은 필자와의 인터뷰에서 이렇게 조언했다.

"AI는 잘 활용하면 기자들에게 생산적인 도구다. 몇 시간 걸릴 데이터 분석이 금방 끝날 수 있다. 하지만 남용하면 '스테로이드 주사'가 될 것이다. 표절이 만연하고 언론의 창의성이 사라질 것이다. 계산기가 처음 도입됐을 때를 생각해 보면 쉽다. 어떤 선생님들은 학교에서 사용을 금했고, 이를 컨닝(cheating)으로 여겼다. 하지만 이를 선용하면 단순 작업은 계산기에 맡기고 인간은 더 고차원적인 작업을 할 수 있다. (뉴스룸의) AI 논의도 같은 방식이 될 것이라 본다."

## 참고문헌


문현숙(2012.4.14). 저널리즘 내부의 적 '야마 잡기'. ≪한겨레≫. https://www.hani.co.kr/arti/society/media/528258.html

박창섭(2012). '야마'를 벗어야 언론이 산다: 한국 언론의 보도 관행과 저널리즘의 위기. ≪서해문집≫.

한국신문협회(2025.1.1). 미디어 전문가가 꼽은 '2025년 저널리즘 전망'. ≪신문협회보≫.

Garcia, J.(2024.10.30). ASU reporters are paving the future for investigative journalism using AI. *ASU Enterprise Technology.* https://tech.asu.edu/features/investigative-journalism-using-ai

## 10
## 한국 언론에 전하는 혁신 제안

"인공지능이 쓸 수 없는 기사를 쓰는 기자를 원한다." 손석희 전 JTBC 앵커가 2015년 발간된 《중앙일보》 · JTBC 입사 공식 가이드북과의 인터뷰에서 밝힌 '인공지능 시대를 향한 대비' 질문에 대한 답이다. 10년이 지난 지금도 손 앵커의 답변은 여전히 현업 기자들에게 울림을 주고 있다. 우리는 과연 AI가 대체할 수 없는 뉴스를 만들고 있나.

종교와 AI?

2025년 새해가 밝은 지 얼마 되지 않아 오픈AI의 창업자 샘 올트먼이 개인 블로그에 장문의 글을 남겼다. 오픈AI의 운영 방향을 담은 이 글에서 그는 회사가 "수퍼인텔리전스(초지능)를 목표로 향해 나아가겠다"라고 밝혔다. 오픈AI는 초지능을 '경제적 가치가 있는 대부분의 업무에서 인간을 능가하는 고도로 자율적인 시스템'이라고 정의했다. 여기서 주목할 단어는 '대부분(most)'이다. 현재는 AI가 체스, 바둑 등 특정 분야에서 인간의 능력을 초월했다고 평가되지만, 초지능 시스템은 거의 모든 분야에서 인간을 뛰어넘는 '범용'의 성격을 띤다. 일론 머스크 테슬라 CEO, 엔비디아 CEO 젠슨 황 등 혁신 기술 기업 수장들도 데이터 학습 과정에서 인간의 인지 능력과 비슷하거나 이를 능가하는 '범용인공지능(AGI, Artificial General Intelligence)'이 5년 이내에 상용화될 것으로 전망했다.

인간의 전유물이라 여겨졌던 창작의 영역, 예컨대 소설을 쓰고 그림을 그리며 작사, 작곡을 하는 데까지 AI와 경쟁하는 시대가 멀지 않은 지금, 모든 산업군은 업의 본질을 고민하는 상황에 놓였다. 우리의 업에서 AI가 대체할 수 없는 것은 무엇인가? 무엇을 내어주고, 무엇을 지켜야 하는가. 지켜야 하는 이유는 무엇인가. 절박하면서도 근본적인 이 질문에서 언론사도 자유롭지 못하다. 지금은 번역, 녹취 풀기, 오탈자 수정 등 업무 효율성을 높이는 분야에서 주로 AI가 활용되고 있지만, 초지능의 시대가 도래한다면 AI와 내러티브 기사 경쟁을 해야 할 수도 있다. 심지어 인터뷰이에 대해 방대한 데이터를 갖고 있고, 공감 능력까지 보유한 로봇 기자에게 귀중한 취재원을 빼앗길 수도 있다.

## 국내와 해외가 생성형 AI를 대하는 자세

예측 불가한 잠재력을 가진 AI와의 경쟁에 맞서기 위해 언론사는 어떤 준비를 하고 있을까. 한국 언론사들은 조심스러운 모습이다. 2023년 한국언론진흥재단이 국내 언론사를 대상으로 진행한 생성형 AI 활용 현황 조사에 따르면 응답에 참여한 4250개 언론사 중 생성형 AI 활용 경험이 있는 언론사는 65개로 전체의 1.5%에 불과했다. 향후 생성형 AI 도입에서도 소극적이었다. 생성형 AI를 활용해 본 경험이 없다고 응답한 언론사 중 향후 도입 의사가 있다고 답한 언론사는 144개(3.4%)에 불과했다. 그 이유로는 표절 및 저작권 침해 문제(981개, 33.5%), 결과의 진위 검증 어려움(933개, 31.8%), 활용법의 어려움(832개, 28.4%), 별도의 이용 비용 소요(739개,

25.2%), 초기 단계로 서비스 불완전성(338개, 11.5%) 등이 꼽혔다.

해외의 상황은 다르다. 해외 유수 언론들은 AI를 기사 생산 전 과정에서 적극적으로 활용하고 있다. 46개국 105개 언론사의 기자와 편집자 대상의 설문 및 인터뷰를 토대로 발간된 보고서 'Generating Change: A global survey of what news organizations are doing with AI'에 따르면 응답자의 85%가 코딩, 이미지 생성, 기사 요약본 확인 등에 생성형 AI를 활용해 봤다고 응답했다. 향후 AI의 역할이 편집국에서 차지하는 역할이 더 커질 것이라고 보는 응답도 전체의 80%를 차지했다. 해당 보고서에 따르면 응답자들이 생성형 AI가 널리 활용될 것이라고 본 분야는 ▶ 팩트 체크 및 역정보(disinformation) 분석 ▶ 뉴스 콘텐츠 개인화 및 자동화 ▶ 텍스트 요약 및 생성 ▶ 챗봇을 활용한 예비 인터뷰 진행 및 현안에 대한 여론 파악 등 크게 네 가지였다. 팩트 체크, 인터뷰에서까지 AI가 활용될 것으로 전망할 정도로 AI의 활용 가능성을 넓게 본 것이다.

생성형 AI 활용 분야도 국내 언론에 비해 훨씬 다양하다. 해외 주요 언론사들의 생성형 AI 도입 현황을 분석한 국제뉴스미디어협회(INMA · The International News

Media Association)의 보고서(Sonali, 2024)에 따르면 292개 언론사 중 181개 언론사 담당자가 답변한 '현재 주로 사용하고 있는 AI 기술은 무엇인지'에 대한 답변은 텍스트 콘텐츠 생성(69.9%), 정보 수집(21.5%), 멀티미디어 콘텐츠 생성(20.4%), 사업 활용(16.6%), 번역(8.8%), 데이터 수집 및 처리(7.7%), 코딩(5.0%)으로 나타났다. 텍스트 생성이 대다수를 차지하고 있는 한계는 한국 상황과 비슷하지만, 멀티미디어 콘텐츠 생성과 정보 수집 및 데이터 처리 활용에 AI가 활발하게 사용되고 있는 것이 국내 언론과의 차이점이다.

## "가장 효과적인 분야는 가장 지루한 분야"

외부의 파도에 휩쓸려 기자의 대체와 조직의 축소를 맞이하지 않기 위해 전문가들은 AI를 향한 막연한 적대감을 내려놓고, 창의성을 발휘해 다양한 분야에 AI를 활용하는 도전 정신이 필요하다고 말한다. 지피지기 백전백승은 인공지능 시대의 언론사에도 적용된다. AI의 강점과 약점은 무엇인지 명확히 파악하고, 고품질 저널리즘을 실현하는 방향으로 AI를 활용해야 한다. 국내 언론의 생성형 AI 활용 분야는 업무 효율성을 높일 수 있는 기사 제목 및 요약 생성, 번역, 녹취록 작성 등에 초점이 맞춰

져 있다. 팩트 체크나 탐사 보도를 위한 자료 수집 및 번역, 주요 기사나 사료 등을 종합 검토하는 심화 활용 사례는 아직은 드문 것이 현실이다. 단순히 타 언론사를 따라 효율성을 높이는 업무에만 AI를 접목하는 겉핥기식 시도를 탈피하고, 시야를 넓혀 다양한 영역에서 AI를 활용한 실험을 해 보는 것이 중요하다.

찰리 베킷(Charlie Beckett) 런던 정치경제대학교 교수 겸 저널리즘 싱크탱크 '폴리스' 창립자가 필자와의 인터뷰에서 밝힌 견해도 흥미롭다.

> "AI가 활용될 수 있는 가장 효과적인 분야는 가장 지루한 분야인 경우가 많다. 단순하고 작은 분야라도 기발하고 창의적으로 AI를 활용해 독자에게 새로운 경험을 제공하는 것이 중요하다."

'가장 효과적인 분야는 가장 지루한 분야'라는 베킷 교수의 제언은 효율성 향상 측면에만 몰두해 있는 시각에 시사하는 바가 크다. 차별성을 갖기 위해서는 타 언론사가 생각하지 못한 창의적인 분야에 프로젝트 단위로 AI를 실험해 보고, 양질의 기사를 생산할 수 있는 효과적인 AI 활용 방안을 구축해 나가는 것이 필요하다.

베킷 교수는 언론사의 창의적인 생성형 AI 활용 사례로 AP를 들었다.

"AP는 생성형 AI를 활용해 이미지와 영상을 검색할 수 있는 도구를 개발했다. 이 도구의 핵심은 검색할 때 세부 정보를 정확히 입력할 필요가 없다는 점이다. 예를 들어 '도널드 트럼프가 선글라스를 쓰고 말을 타고 있는 사진이 보고 싶어'라고만 입력하고, 만약 아카이브에 그런 장면이 있다면, 심지어 영상 속에서도 찾아낼 수 있다. 단순히 정확한 사진을 찾는 데 그치지 않고, 이야기를 효과적으로 전달하는 데도 큰 도움을 준다. 행복한 이야기를 전달하고 싶다면 행복한 표정을 짓고 있는 사진을 손쉽게 검색할 수 있다. 이러한 작은 기능들이 과학 소설 같은 거창한 아이디어보다 언론사에 훨씬 유용하다."

해외 유수 언론사는 AI를 활용한 흥미로운 실험을 진행하고 있다. ≪뉴욕타임스≫는 독자가 지정하는 스타일로 AI가 편지를 써 주는 서비스를 선보였다. '파트너에게 로맨틱한 발렌타인 편지를 테일러 스위프트 노래 스타일로 써 줘'라고 지시하면 챗지피티가 이에 맞는 편지를 1분도 채 안 되는 시간에 만들어 준다. 미 시사 주간지

≪타임≫은 AI를 활용해 자사 기사에 기반한 사지선다 퀴즈를 만드는 실험을 했다. 아르헨티나 일간 ≪클라린(Clarin)≫은 독자가 본인이 원하는 형식의 기사를 선택하면 AI가 해당 형식으로 기사를 보여 주는 도구 'Ualter'를 선보였다. 원문, 요약본, 연대기 순, 강조 등 6가지의 다른 방식으로 AI가 기사를 구성한다.

## 혼돈 속 패턴 찾고, 허위 정보와 싸우는 AI

인간의 대체재가 아닌, 인간이 할 수 없는 AI의 역할은 무엇인지에 대한 고민이 필요하다는 지적도 있다. 대표적인 분야로는 데이터 분석이 꼽힌다. 수천, 수만 페이지에 달하는 방대한 양의 자료를 처리하고, 그 안에서 패턴을 찾아내는 AI의 데이터 처리 역량은 탐사 보도의 새로운 지평을 열 수 있다. 퓰리처 위기 보도 센터(Pulitzer Center on Crisis Reporting) 사무총장인 마리나 워커 게바라(Marina Walker Guevara)는 국제 탐사 보도 기관인 GIJN(Global Investigative Journalism Network)이 개최한 2023년 콘퍼런스에서 AI를 "방대한 데이터의 혼돈 속에서 패턴을 발견하고, 이를 해석해 이야기를 만들어 내는 데 활용해야 한다"고 지적했다. 그는 베네수엘라에 기반을 둔 언론사 ≪아르만도인포(Armandoinfo)≫가

AI를 활용해 불법 광산을 파악한 기사를 소개했다. 해당 기사는 위성 데이터와 조직범죄 데이터베이스를 결합한 뒤 이를 AI가 분석하도록 해 아마존 열대우림에 있는 3000개 이상의 불법 광산의 실체를 보도했다.

역정보(disinformation)와 오정보(misinformation)를 가려내는 분야에서도 전문가들은 AI를 적극 활용해야 한다고 제언한다. AI가 생성한 허위 텍스트와 이미지, 비디오 등으로 언론사도 골머리를 앓고 있는 상황에서 AI를 활용해 AI의 문제를 해결하자는 것. 한국언론진흥재단이 발표한 '언론 산업 인공지능 활용 방안 연구'에 따르면 전문가 19명은 '팩트 체크 AI 기술이 언론 산업에 널리 활용될 것 같나'라는 질문에 5점 만점에 2.89점으로 낮은 점수를 줬다. 번역, 챗봇, 교정 및 교열, 요약, 이미지와 영상 생성, 자동 녹취 생성 등 분야를 통틀어 팩트 체크가 가장 낮은 점수를 얻었다. 국내에서는 팩트 체크 AI 기술이 언론 산업에 널리 활용될 것이라는 데에 회의적인 시각을 갖는 것과는 다른 흐름이다.

정보의 사실 관계 확인에 AI를 활용하려는 움직임에 AP도 나섰다. AP는 팩트 체크 AI인 'AP 베리파이(AP Verify)'를 2년에 걸쳐 개발했다. 해당 도구는 API를 하나의 대시보드로 통합해 온라인 콘텐츠를 검증할 수 있게 해준다. 이 도구에는 콘텐츠의 위치 파악, 이미지 스캔, 음성-텍스트 변환, 사람 찾기 등 다양한 기능이 포함됐다. 예를 들어 누군가 온라인에 콘텐츠를 게시하면, 기자는 이 도구를 사용해 해당 인물의 위치를 추적하거나 전화번호, 거주지를 찾을 수 있다. AP 베리파이를 개발한 에이미 라인하트 AI 프로덕트 시니어 매니저는 이렇게 설명했다.

> "기자들에게는 콘텐츠의 출처를 추적하는 것이 매우 중요하고 경쟁이 치열한 영역이다. 이 도구가 온라인에서 접하는 정보를 검증하는 데 있어 기자들에게 나침반 역할을 해 주기를 바란다. 예컨대 기후 변화로 인해 미국 전역에서 재난이 일어나고 있다. 이런 도구는 특정 토네이도가 오늘의 사건인지, 아니면 과거 사진인지 확인하는 데 중요한 역할을 할 것이다. 이는 지역 뉴스룸의 투명성과 신뢰를 높이는 데 도움이 될 수 있다고 생각한다."

## 인간 기자는 대체되지 않는다

전문가들은 기자 본질의 역할은 AI에 의해 대체되지 않을 것으로 전망한다. 사건 · 사고가 발생한 현장에 직접 가고, 인터뷰이와 눈을 맞추고 실시간으로 공감을 표하며 신뢰를 쌓아가는 기자 본연의 역할을 수행하기 위해서는 취재원에게 거부감이 들지 않게 할 하드웨어와 실제 세상을 감지할 수 있는 오감, 기자로서의 윤리의식까지 갖춘 로봇이 필요하다. 로봇 기자가 참사로 가족을 잃은 이의 집 문을 두드리고, '심정이 어떠신가요?'라고 질문했을 때 그 로봇은 부서져서 뉴스룸에 돌아올 것이라고 말했던 AP의 어니스트 쿵 AI 프로덕트 매니저의 말을 상기해 보자. 좋은 기사는 인간(기자)과 인간(취재원) 사이의 신뢰, 공감, 유대에서 나온다. 그 역할까지 수행해 낼 AI가 이른 시일 내 개발되지는 않다는 게 전문가들의 공통된 목소리다.

언론사들은 인간 기자만이 할 수 있는 역량을 더욱 키우려는 노력도 함께 하고 있다. ≪동아일보≫가 창사 100주년을 맞은 2020년부터 시작한 '히어로콘텐츠'가 대표적 사례다. 히어로콘텐츠는 ≪동아일보≫의 탐사 보도를 담은 디지털 및 지면 콘텐츠로, 주제, 마감 기한, 취재 및 구현 방식에 제약을 두지 않고 기자들이 혁신적인 보도를 하는 데 초점이 맞춰진 팀이다. 그간 응급 의료 시스템의 허점, 이민자들이 한국 사회에서 마주한 편견, 아파트 철근 누락 문제점 등 다양한 주제의 탐사 보도를 지면 기사뿐만 아니라 온라인 플랫폼에서 멀티 미디어

스토리텔링 기법을 활용해 몰입감 있게 선보였다. 동아일보의 이 같은 시도는 영국 옥스퍼드대 부설 세계적 미디어 연구 기관인 로이터 연구소, 스페인 사라고사에서 열린 세계뉴스미디어총회(WNMC) 등에서 성과가 소개되는 등 세계적인 주목을 받고 있다.

2025년 2월 6일 미국 애리조나주립대 크롱카이트 스쿨에서 열린 간담회에서 필자와 만난 마틴 배런(Martin Baron) 전 ≪워싱턴포스트≫ 편집국장은 "언론사가 재정적 어려움에 직면한 현재, 투입되는 시간과 돈에 비해 결과가 보장되지 않는 탐사 보도팀은 언론사에서 가장 취약한 위치에 놓였다"면서도 "그럼에도 불구하고 독자들이 특정 언론을 구독하는 가장 큰 이유는 그 어떤 언론사에서도 볼 수 없는 탐사 보도 때문"이라고 말했다. 그는 "내가 ≪보스턴글로브≫ 편집국장으로 있을 때 독자들에게 우리 신문을 구독하는 이유를 조사했는데, 가장 큰 이유로 '스포트라이트팀'(≪보스턴글로브≫의 탐사 보도팀)이 꼽혔다"며 타사와 차별화된 탐사 보도의 중요성을 강조하기도 했다.

≪뉴욕타임스≫는 2024년 1월 독자들에게 상세한 기자 소개를 제공하는 '강화된 바이오(Enhanced bio)'를 도입했다. 개편의 골자는 '독자들에게 기자들의 경험과

전문성, 취재 과정, 윤리의식 등을 구체적으로 제공하는 것'이다. ≪뉴욕타임스≫는 "독자들은 대법원 담당 기자가 수정 헌법 전문 변호사로 일했다거나, 건강 및 웰빙 담당 기자가 실험 심리학 박사 학위를 갖고 있다는 사실을 모를 것"이라며 "인터넷에 AI 생성 콘텐츠가 점점 더 늘어날 가능성이 커짐에 따라, 우리는 이러한 문제를 정면으로 다루고 우리의 작업물 뒤에 있는 사람들을 강조하고자 한다"라고 설명했다(The New York Times Company, 2024; 문영은 외, 2025).

인간의 자리를 위협하는 기술의 발전은 역설적으로 인간 역할의 중요성을 되새기게 한다.

베킷 교수가 AI 시대에 가장 중요하다고 생각하는 기자의 자질에 대해 기자와의 인터뷰에서 밝힌 견해는 되새길 만하다.

> "결국 기사에 인간 가치를 더하는 것이 더욱 중요해질 것이다. 당신의 지능, 판단, 감정, 성격, 기분, 인간적인 호기심과 공감, 정치적 견해, 열정과 같은 요소들 말이다. 당신의 작업을 더 매력적으로 만들고 눈에 띄게 만들어줄 나만의 인간적 요소, 그게 생존의 비법이 될 것이다."

한국 디지털 저널리즘 분야의 유명 연구자인 최민재 한국언론진흥재단 수석연구위원 팀이 펴낸 '생성형 AI와 디지털 뉴스 생태계'에서는 기자 등 조직원들의 적극적인 AI 도입이 뉴스룸의 AI 활용에 성패가 될 요인으로 지적한다. 최민재 외(2024)는 "언론사 조직에서 AI를 어떻게 활용해야 할 것인지에 대한 전략의 부재로 인해, 구성원 개개인의 차원에서 AI를 활용하고 있다"면서 "구성원들의 적극적인 참여를 이끌어내지 못하고 있고, 이로 인해 AI 도입에 대해 부정적인 인식을 지니거나 무관심한 구성원들도 다수라는 평가"라고 진단했다. 이들은 조직원 비전 제시, 교육 기회 부여, 인센티브 제공, 성공 사례에 대한 공유 확산을 그 대안으로 제시했다.

새로운 기술의 등장은 언제나 낯설고 두렵다. 인터넷이 확산될 때도, 소셜 미디어가 등장했을 때도 그랬다. 이제 AI라는 거대한 변화 앞에서 언론사들은 다시 한번 시험대에 섰다. 하지만 막연한 두려움 속에서 현 상태를 유지하는 것은 해결책이 될 수 없다. 인력난과 자금난으로 문을 닫는 언론사가 늘어나는 지금, 반복적인 업무를 AI로 대체해 뉴스룸의 효율성을 높이는 한편, 인간 기자가 시도하기 어려웠던 새로운 취재 방식에 AI를 접목하는 과감한 실험이 필요하다. AI에 주도권을 빼앗길 것인가, AI를 도구로 활용해 저널리즘의 미래를 열어갈 것인가. 이제 언론사들은 도전과 시행착오를 통해 AI와의 공존 방식을 찾아야 할 때다.

## 참고문헌

김정환(2024). AI 활용은 저작권 문제로 소극적, 성공보다 실패 경험부터 쌓아야. 한국언론진흥재단. https://www.kpf.or.kr/front/research/selfDetail.do?seq=596091&link_g_homepage=F

문영은 외(2025). 13장. 혁신의 원칙: ≪뉴욕타임스≫의 사례를 중심으로. 좋은 저널리즘 연구회·이재경(편), 『한국 저널리즘의 혁신』(356-385쪽). 이화여자대학교출판문화원.

박종문(2024.1.2). 신문기사 제작과정 '혁신'… 오늘부터 확 달라진다. ≪영남일보≫. https://www.yeongnam.com/web/view.php?key=20231224010003315

이현우 외(2024). 뉴스룸 인공지능 도입현황과 활성화 방안 연구. 한국언론진흥재단.

중앙일보 · JTBC 입사공식가이드북 TF(2015). 중앙일보 · JTBC 입사공식 가이드북. ≪중앙일보≫.

최민재 외(2024). 생성형 AI와 디지털 뉴스 생태계. 한국언론진흥재단

최승영(2024.09.24). 맞춤추천, 초벌번역, 감성분석…언론사 AI 경쟁 불붙나. ≪기자협회보≫. https://www.journalist.or.kr/news/article.html?no=56745

Beckett, C. & Yaseen, M.(2023). Generating change: A global survey of what news organizations are doing with AI. https://www.journalismai.info/research/2023-generatingchange

Scire, S.(2024.1.31). The New York Times rolls out new byline pages. *Nieman Lab.* https://www.niemanlab.org/2024/01/the-new-york-times-rolls-out-new-byline-pages/

The New York Times(2023.2.13). A Valentine, from A.I. to you. *The New York Times.* https://www.nytimes.com/interactive/2023/02/13/opinion/valentines-day-chatgpt.html

Wilson, C. & Shrestha, I.(2023.6.6). We asked AI to generate news quizzes based on TIME's archives. Test yourself with the results. *TIME.* https://time.com/6284776/time-chatgpt-news-quiz/

Prato, C.(2024.10.23). 12 ways journalists use AI tools in the newsroom. *Twipe.* https://www.twipemobile.com/12-ways-journalists-use-ai-tools-in-the-newsroom/

Villa, S.(2023.9. 20). Investigating—and embracing—the AI revolution. *Global Investigative Journalism Network.* https://gijn.org/stories/ai-and-investigative-journalism-gijc23/

The New York Times Company(2024.1.8). Our redesigned byline pages. *The New York Times Company.* https://www.nytco.com/press/our-redesigned-byline-pages/

**김재희**

≪동아일보≫ 기자다. 연세대학교 문헌정보학과를 졸업했다. 히어로콘텐츠팀의 '공존: 그들과 우리가 되려면' 시리즈로 한국기자협회 이달의기자상, 노근리평화상 언론상을 받았다. 풀브라이트 중견 전문가 장학 프로그램의 펠로(fellow)로 선정돼 애리조나주립대학교에서 공부하고 있다. 공저로 『한국 저널리즘의 혁신』이 있다.

**이현택**

≪조선일보≫ 디지털기획팀 기자다. 연세대학교 경영학과를 졸업하고 동국대학교와 미국 애리조나주립대학교에서 석사 학위를 받았다. ≪중앙일보≫를 거쳐 ≪조선일보≫로 이직했다. 미국 탐사 보도협회(IRE)에서 아시아 국가 출신 최초로 이사로 선출됐다. 저서로 『저널리스트』, 『언론고시 하우 투 패스』(공저)가 있다.